百目鬼《どうめき》の謎

「目」のつく地名の古代史

藤井耕一郎

草思社文庫

はじめに

『三国志』の「魏志《ぎし》」に倭人伝《わじんでん》の章があり、ご存じのように邪馬台国《やまたいこく》の女王卑弥呼《ひみこ》が登場する。卑弥呼が実在の人物であることは確かとされるが、居場所については、いまだに決着がついていない。三世紀の遺物が見つかると、決まって卑弥呼と結びつけて話題にされ、まるで古代の謎は邪馬台国探しがすべてであるかのようだ。

そんな風潮に影響されてか、〈古代史のロマン〉を求めて旅に出かけようとすると、無意識のうちに奈良や九州を選んでいたりする。ところが、数年前に岡山を訪れ、吉《き》備津彦《びつひこ》神社から総社《そうじゃ》駅のあたりまで自転車で駆けめぐったとき、もっと古く、奥の深そうな謎があったことを思い出した。

卑弥呼は景初《けいしょ》二年（二三九年）に初めて魏に遣使したが、その百年以上も昔の永初《えいしょ》元年（一〇七年）、帥升《すいしょう》（等）と名乗る倭国王が一六〇人の生口《せいこう》（生きた人間）を献上し、皇帝の謁見を願ったと『後漢書《ごかんじょ》』の「東夷伝《とういでん》」に記されている。岡山でこの件を思い出したのは、足守川《あしもりがわ》流域に弥生の墳丘墓では日本最大とされる楯築《たてつき》遺跡があり、被葬者は「二世紀中頃の日本列島の最有力者」らしいとわかったからだ。

　岡山市と倉敷市の境を流れる足守川の周辺は、まれに見る遺跡の宝庫といわれる。王墓《おうぼ》の丘にある楯築遺跡をはじめ、王莽《おうもう》の時代につくられた貨幣の貨泉《かせん》と銅鐸《どうたく》が出ている高塚《たかつか》遺跡、全国四位の規模をもつ造山《つくりやま》古墳、応神《おうじん》天皇（通例にならい、本書は大王号ではなく天皇号を使用する）の行宮《あんぐう》跡、大集落跡の上東《じょうとう》遺跡などが密集し、巨石の磐座《いわくら》がいたるところに見られる。

　王墓の丘へ向かう前、南方に位置する岩倉《いわくら》神社に立ち寄った。そこは石などまったく見当たらない水田に囲まれているのに、元からあったのか、人為的に集めたのかはっきりしない巨石が積み重なる不思議な空間だった。王墓の丘の真宮《しんみや》神社は環状列石に囲まれており、岩倉神社の巨石は、このあたりから運ばれたのかもしれない。

　そのあと訪れた楯築遺跡は、〈ＳＦ作品の舞台〉といってもよさそうな、他の遺跡とはくらべものにならない神秘的な雰囲気に満ちていた。今までいろいろな古墳や弥生時代の墳墓を見てきたが、眼前の光景に息を呑んだという経験は初めてだった。

　平坦な墳丘には、巨石をくり抜いた祠を中心に高さ二メートルほどの立石が並び、半世紀前に見た映画『２００１年宇宙の旅』の冒頭シーンが思い出された。墳丘上にはかつて神社があったという。亀石と呼ばれる複雑な文様をもつ御神体が遺跡の近くに収蔵され、その石には人面が彫られている。

弥生時代後期の二世紀頃、丘の上で祭祀が行なわれたらしい。そこに君臨していた人物こそ、〈吉備の大首長〉と呼ばれるような「日本列島の最有力者」だったのだ。

祭祀の情景を頭に思い描くうちに、〈吉備の大首長〉の姿が帥升と名乗った倭国王と重なりはじめた。邪馬台国の卑弥呼は、鬼道《きどう》を用いて国を治めたという。すると、帥升は巨石を操って国を治めていたのだろうか……。

あとで調べると、高校の教科書『詳説日本史』（山川出版社、二〇一三年）には、この帥升について《倭国王とみるか倭の一小国の王とみるかで意見が分かれている。ただ倭国王とみる場合でも、それは九州北部の小国の連合体の王にすぎなかったと考えられている》と注釈されていた。

邪馬台国以前なら、九州以外に候補者はないと思われているらしい。だが、足守川流域の高塚遺跡からは、一世紀の王莽の貨泉が二五枚も出ている。これは日本全体の出土数の四割にあたる。加えて、「小国連合の王」に、はたして一六〇人（卑弥呼が献上した人数の一六倍！）もの生口を大陸へ運ぶ力があったかも疑問に思う。

かりに岩倉神社に積み重なる巨石が人為的な配置なら、想像を超える労力を必要としただろう。これは一六〇人の生口を誰が運んだのかの疑問とも重なる。吉備は日本列島で真っ先に階級社会を到来させた国らしい。生口も巨石も、〈吉備の大首長〉が運ばせた可能性を否定するのはむずかしいように思われた。

二世紀後半に後漢は衰え、三国志の時代を迎える。日本でも倭国大乱《わこくたいらん》と呼ばれる争乱が起こる。その頃の遺跡と目される高地性集落《こうちせいしゅうらく》も瀬戸内海東部に多い。大乱に関わり、古墳時代を切り開いたのは〈吉備の大首長〉の後継勢力ではないのだろうか。

帥升は『後漢書』にしか現われず、手がかりは少ない。紆余曲折の末、帥升と考古学をつなぐ地名が見つかった。それが「百目鬼《どうめき》」をはじめとする「目」のつく地名だ。日本の人名は地名に由来するものが多いといわれるが、帥升も例外ではなかったらしい。

二世紀から四世紀にかけて、日本列島では黥面絵画《げいめんかいが》と呼ぶ「目のまわりに入れ墨のある顔」が土器などに描かれた。分布の中心は岡山県の南部にあり、最も古い土器が倉敷市の上東遺跡から出ている。そして、その周辺は海人《あま》族と呼ばれる航海に長けた民が根拠地にしていたようなのだ。

とはいえ、地名を頼りに、文字情報の少ない時代を、いちおうの根拠を示して論じるのは苦しい作業だった。本書が推測を重ねた大まかなデッサンであることも承知している。それでも、この方法でしか見つけられない真実もたしかにあった。そういう〈目のつけどころ〉を面白がっていただければ幸いだ。

藤井耕一郎

百目鬼《どうめき》の謎◉目次

第一章　カンノメ！（神目）――出雲を征服したのは隣国の吉備だった　37

第二章　カンナビ！（神奈備）——出雲を征服した吉備が大和へ進出した　85

第三章　ムサ！（身狭・牟佐・武射）――吉備の勢力が九州の宇佐へ上陸した

序章　「虚空見《そらみ》つヤマトの国」が秘める「見《み》と目《ま》」

この本の目的は、「目」のつく地名・神話の神を祀る神社・考古学の遺跡と遺物の三つを手がかりに用いて、日本列島に統一国家が誕生した頃の〈隠れた真実〉を掘り起こすことにある。

その作業から『古事記《こじき》』『日本書紀《にほんしょき》』（以下『記・紀』と略称）が〈高天原《たかまのはら》〉と呼んで煙に巻いた「天皇家の故郷」がどこなのかを探し、これまでとは違う方法で古代史の謎解きを試みたいと思う。

たとえば、宮崎市に生目《いきめ》と呼ばれる場所がある。宮崎市生目の亀井山《かめい》には応神《おうじん》天皇を祀る生目《いきめ》神社が鎮座《ちんざ》し、その北方には古墳時代前期で九州最大級の生目《いきめ》古墳群が広がる。弥生時代の下郷《しもごう》遺跡が近く、そこから入れ墨《いずみ》を描いた二世紀の黥面土器《げいめんどき》が出土した。

宮崎県はかつての日向国《ひゅうが》で、神話では天皇家の〈第二のふるさと〉ともいうべき場所だ。『記・紀』によれば、アマテラスの孫のニニギが日向の高千穂《たかちほ》に天降り、その子にあたる二人の兄弟が海幸彦《うみさちひこ》と山幸彦《やまさちひこ》と呼ばれ、弟の山幸彦の孫が新政権を樹立し初代神武《じんむ》天皇となる。兄の海幸彦は大隅《おおすみ》・薩摩《さつま》で暮らしていた隼人《はやと》の祖先だという。

神武天皇にはカムヤマトイワレヒコという和風の名があり、名はヤマトを背負っている。神武天皇は日向から東征《とうせい》して大和を征服し、畝傍《うねび》山《やま》の麓の橿原《かしはら》宮で即位したと記されるが、途中で亀の甲羅の上に乗った人物が案内人をつとめるなど、どことなく現実離れした話も出てくる。

『記・紀』の記述では、神武天皇の即位は紀元前六六〇年で、水稲耕作は行なわれていても金属器はまだ使われない。そんな時代だから、東征はもとより、神武天皇の実在自体が疑われている。というより、戦後の歴史学では、神武天皇から開化天皇までは後世の創作で、実在性が見込めるのは第十代崇神《すじん》天皇以降、史実が記録されているのは第二十一代雄略《ゆうりゃく》天皇以降、との主張が有力視されてきた。

こうした考え方が支持されたのは、『記・紀』の記述にもとづいて天皇陵に治定された開化天皇以前の古墳が、考古学的に見て王墓の条件を満たしていないことに加え、時代も合わないと思われたからだ。

『記・紀』の文献を素材に用いるのを避ける考古学者も多い。しかし、かりに「神武天皇の即位」を弥生時代から古墳時代に移行する二〜三世紀までくり下げれば、弥生遺跡と古墳群が寄り集まる生目《いきめ》神社の周辺は、初期のヤマト政権と何らかの結びつきがあったと見てもよさそうである。

『記・紀』の神武東征には目のまわりに入れ墨をした久米《くめ》氏の祖が登場し、また、勇壮な久米歌《くめうた》が披露されている。東征物語は神話的だが、入れ墨の説明に具体性が備わり、なぜ下郷遺跡から黥面《げいめん》土器が出るのかを探る手がかりとなる。

そうした材料をたぐり寄せ、「目」のつく地名・神話の神を祀る神社・考古学の遺跡と遺物の三つから読み取れる真実を拾い上げていきたい。

ここで、なぜ「地名・神社・考古学」なのか、とりわけ「目」のつく地名と「神話の神を祀る神社」にどんな関係があるのかを述べておこう。

本書では神目《かんのめ》・見目《みるめ》・百目鬼《どうめき》といった「目」のつく地名を取り上げ、目の意味を内に秘めた地名も加えて話を進める。たとえば、目の古形が目《め》であることは、目《ま》つ毛《げ》や目《ま》な尻《じり》などの言葉があることから想像できるだろう。マは馬の字でも表記され、生目と生馬《いくま》は同類語と見なせる。

地名を表わす漢字は借字《しゃくじ》（当て字）が少なくないが、大部分の「目」は「見る行為」を表わしており、神目・見目・百目鬼などは邪視《じゃし》や辟邪《へきじゃ》と呼ばれる「にらみ」の表現である。邪視は「にらむ」ことで相手に害を与える悪意の視線を指し、そのような悪意をはねのける魔除《まよ》けの行為が辟邪と呼ばれる。

歌舞伎の世界では歴代の市川団十郎の「にらみ」が有名で、成田山新勝寺《しんしょうじ》の本尊・

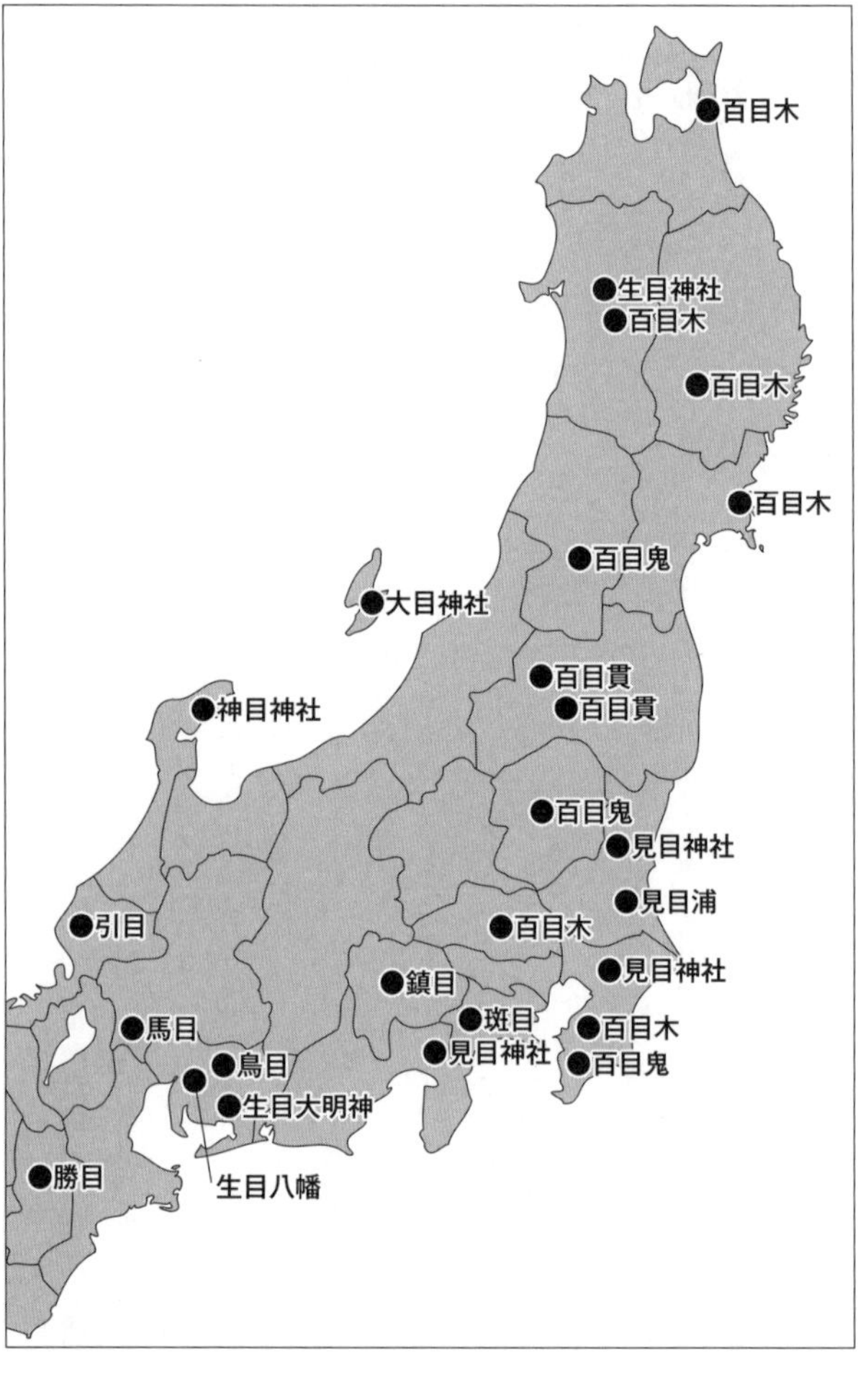
百目木
生目神社
百目木
百目木
百目木
百目鬼
大目神社
百目貫
百目貫
神目神社
百目鬼
見目神社
見目浦
引目
百目木
見目神社
鎮目
斑目
百目木
馬目
見目神社
百目鬼
鳥目
生目大明神
勝目
生目八幡

「目」のつく地名の分布

神目山
猪目
目木
神目
射目崎
見目
神目神社
生目神社
生目神社
生目神社
生目八幡
道目木
生目神社
道目木
道目木
神目寺
道目木
沈目
目射
道目木
鹿目
生目
勝目

不動《ふどう》の目を再現した演技から始まったといわれる。

隈取《くまど》りにも「にらみ」の表情を際だたせる効果がありそうだ。もっとも、邪視《じゃし》や辟邪《へきじゃ》と呼ばれる「にらみ」の行為は、現実の効果を狙うより、超自然的な力を借りるために「型」を踏襲して行なわれた呪術の色合いが濃い。

古代の人びとは境界外から魔物が侵入しないように見張り、敵との戦いの場では、「にらみ」で食い止めようとしたようだ。「目」のつく地名はそうした攻防の痕跡と考えられ、ほぼ全国的に広く分布している。そこが神社や遺跡と重なる場合は、人びとの記憶に残されるような呪術の拠点だった可能性がありそうだ。

宮崎の生目《いきめ》神社の由緒は「生目の起源」を次のように記している。

《一説には（藤原）景清《かげきよ》公、日向下向に際し居《きよ》をこの地に選び閑居《かんきょ》され生を終えられた。公の没後、公の生けるがごとき霊眼《れいがん》を祀ったと。一説には当地は古より霊地として眼疾病者を活かすに不思議に著しき霊験あり、古人その神徳を慎み奉り、生目（活目）八幡宮と称え奉ったと。一説には活目入彦五十狭茅尊《いくめいりひこいさち》（垂仁《すいにん》天皇）を奉斎した社であると》

最後の垂仁天皇の記述が注目される。田道間守《たじまもり》を常世国《とこよのくに》へ遣わし、「トキジクの香菓《かくのみ》」を求めさせたと伝えられる第十一代垂仁《すいにん》天皇は、活目入彦五十狭茅《いくめいりひこいさち》という和風の名をもっているからだ。垂仁天皇は神武天皇より実在性が高く、生目がヤマト政権と何らかの関係があったことを示唆する存在でもある。

入れ墨も古代の魔除けの手段とされた。二〜四世紀の日本列島に、目のまわりにたくさんの線刻をほどこした黥面《げいめん》の習俗の広まった様子が土器や絵画から推測される。ペインティング説も唱えられているが、多数の考古学者はペインティングではなく入れ墨であることを認めている。

下郷遺跡の黥面土器は、二世紀に黥面が九州の生目に及び、入れ墨の習俗が「目」のつく地名と重なっていた実態を物語っている。

日本には神社・遺跡が数え切れないほどある。しかし、そこに「目」のつく地名を組み合わせると、重要な〈呪術空間〉と推測される場所が浮き彫りにされる。そこでは、入れ墨の戦士たちが不気味な顔つきで歩きまわっていた可能性が高いのだ。

中国の『後漢書』東夷伝や『魏志』倭人伝には、二世紀後半の倭国で大乱が起こったと記されている。場所は記されていないが、統一国家の誕生と連動した争乱のようである。『記・紀』が記した日本建国の筋書きは鵜呑みにはできないものの、二世紀から三世紀の戦いの痕跡から、ヤマト政権を樹立した勢力がどこからやって来たのかを探る手がかりが得られるはずである。

『記・紀』は〈高天原《たかまのはら》〉を天上という虚構の空間に設定し、それを都合よく利用した。そのため辻褄の合わない事態も生じた。のちほど『記・紀』神話のあらすじを紹介するが、出雲《いずも》の地下にある黄泉国《よみのくに》から地上へ戻ると筑紫《つくし》の日向《ひむか》がそばにあったり、〈高天原〉から出雲に降りたはずなのに、なぜかそこも日向の高千穂だったりする。

その一方、『記・紀』の編纂者が正統な統治者とした〈高天原〉の天津神《あまつかみ》と海人族《あまぞく》系の勢力が根を下ろしたとされる日向には、古くからのつながりが認められ、日向をでたらめに登場させているわけではないこともわかるのである。

このように、「目」のつく地名は国家が誕生した様子をあぶり出す手がかりに使える。その作業を続けているうちに、日本の国号となるヤマトにも、じつは「目」が潜んでいるのではないかとわたしは考えるようになった。

ヤマトは本来、奈良盆地の大和神社の周辺を指す地名だったといわれる。由来は山《やま》処《と》や山門《やまと》と解釈するなど諸説ある。わたしがヤマトの「マ」を「目」ではないかと考えたのは、「見」を含む「虚空見《そらみ》つ」がヤマトの枕詞《まくらことば》になっているからだ。

雄略天皇の作とされる万葉集の巻頭の一首では、ヤマトが「そらみつ大和国」と形容される。柿本人麿《かきのもとのひとまろ》は「天《そら》にみつ大和をおきて青丹《あおに》よし」とうたい、山上憶良《やまのうえのおくら》は「虚《そら》みつ大和の国は皇神《すめがみ》のいつくしき国」とうたった。

ここで、一つの解釈として、ヤマを「や＝多い」「ま＝目」と解釈すると、「虚空見《そらみ》つヤマト」は「空間をにらむ目の多い場所」の意味になる。このように述べれば、根拠が薄弱だと批判を受けるだろう。しかし、現在も狛犬《こまいぬ》や仁王《におう》が「にらみをきかせている」神社仏閣などの聖域は山に見立てられ、そこは「神が降りてくる神聖な場所」だからこそ監視の眼が光っているのだ。ヤマと対比される里も、サトを「さ＝塞《さえ》ぎる」「と＝処」と解釈すると、サトは「魔物を侵入させない場所」の意味になる。

『日本書紀』は、物部《もののべ》氏の祖神ニギハヤヒ（饒速日）がヤマトと名づけたと記し、『記・紀』は、神武天皇が日向から進軍してヤマトに政権を樹立したと記した。神武東征は完全な虚構ではなく、虚実入り混じった物語と見るべきだとわたしは思うが、「見」や「目」とのつながりも、虚実を見分ける判断材料になりそうである。

たとえば、黥面は『古事記』の神武東征にも出てくる。そこでは久米《くめ》氏という軍事豪族の始祖にあたる大久米《おおくめ》命が、配下の「久米の子」らを率いて登場する。

久米の子らは「撃《う》ちてし止《や》まむ（撃たずにおかぬものか）」と勇壮に久米歌《くめうた》をうたうのだが、大久米命は黥面と同じ意味をもっているらしい黥利目《さけるとめ》と描写されている。この表現は顔面に多数の線刻の入れ墨をほどこしたものであることが、出土した黥面絵画や土器によって推測することができる。

大久米命の黥面は、神武天皇が皇后に迎えるヒメタタライスズヒメを驚かせ、「あなたの目は、なぜ引っかいたように鋭く裂けているのでしょう?」と問われている。

この場面では、次の二点に注目したい。

一つは久米《くめ》氏が来目《くめ》とも表記される「目」のつく名をもっていることだ。黥面と合

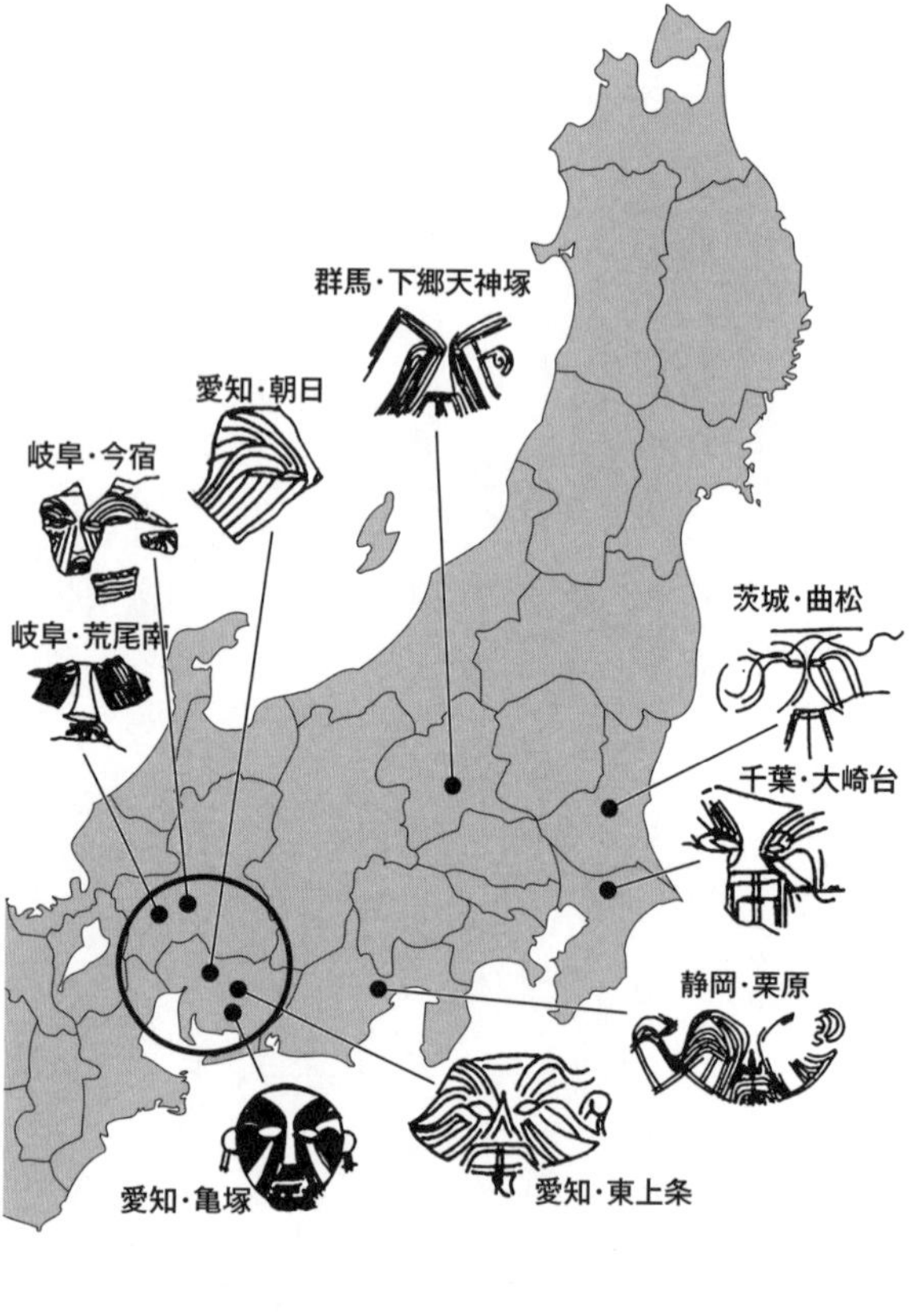
群馬・下郷天神塚
愛知・朝日
岐阜・今宿
岐阜・荒尾南
茨城・曲松
千葉・大崎台
静岡・栗原
愛知・亀塚
愛知・東上条

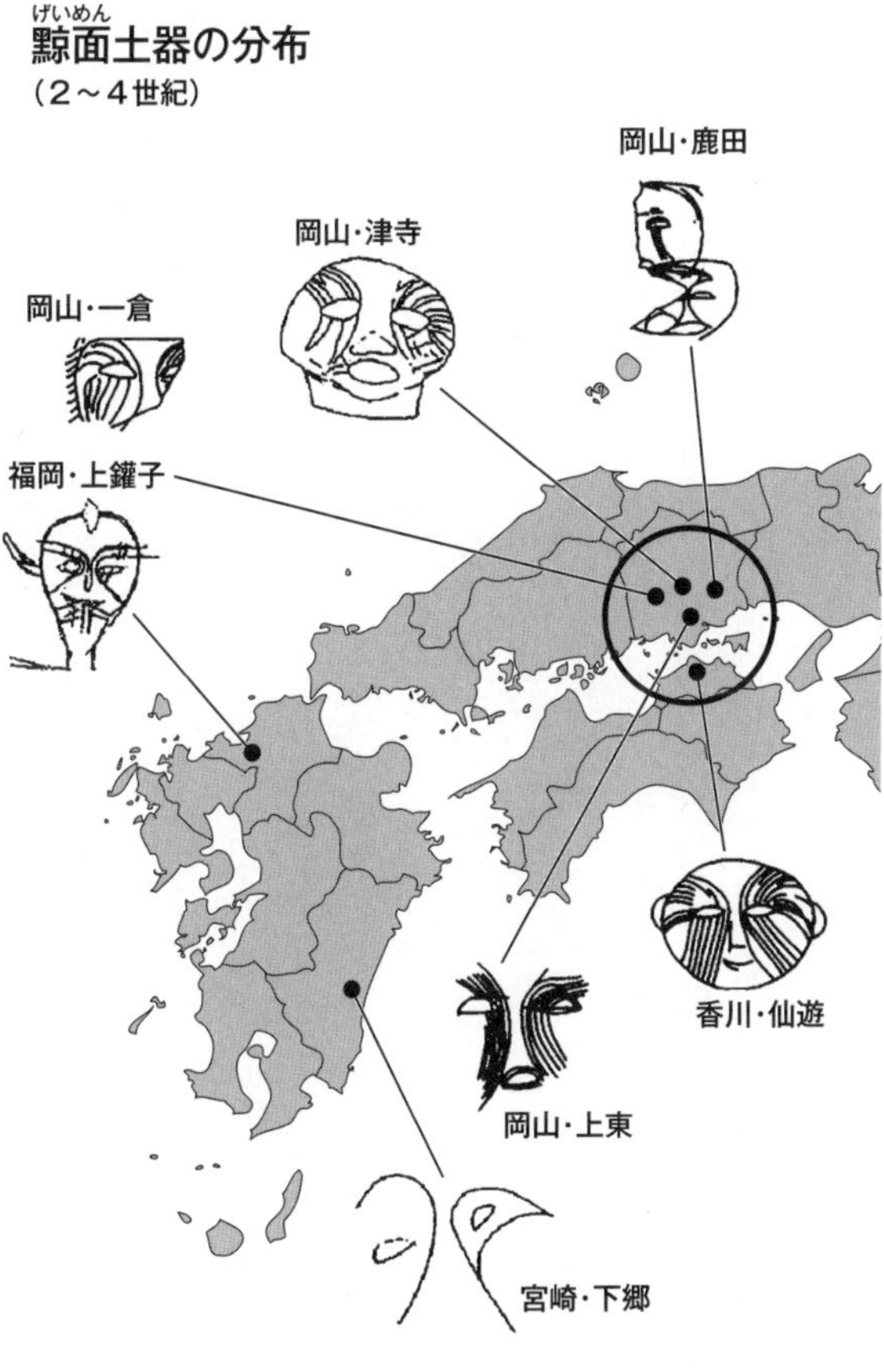
黥面《げいめん》土器の分布
（2～4世紀）
岡山・鹿田
岡山・津寺
岡山・一倉
福岡・上鑵子
香川・仙遊
岡山・上東
宮崎・下郷

わせて、久米氏の特徴が目にあった実態を物語るようである。

もう一つは、大久米命が神武軍の武将としてふるまい、〈高天原〉の神々の子孫を名乗っていた天津《あまつ》神《かみ》であることだ。これに対して、黥面を見て驚いたヒメタタライスズヒメは国津《くにつ》神《かみ》である。征服者が現地の王女を娶る筋書きは世界中にあるが、神武東征では天津神の黥面を見た国津神のヒメが驚いているわけである。

なぜ驚いたのだろう。おそらく、そういう顔を初めて目にしたからだ。国津神のヒメは、入れ墨の習俗のない集団の中で育てられたと思われる。

それに対し、三世紀に九州へやって来て倭人を観察した魏からの使者は、倭の男たちを「皆黥面文身《げいめんぶんしん》」と記した。「男子無大小」ともあり、身分の上下を問わず、誰もが顔と体に入れ墨をしていた。その頃、中国大陸では入れ墨は刑罰に使われ、旅の途中で入れ墨の集団を見ることはなかったのだ。

このように、古代の入れ墨の習俗は、時代と場所によって消えたり復活したりする変化を伴っていたことが、考古学の遺物などから確かめられている。

奈良県立橿原考古学研究所附属博物館編の『海でつながる倭と中国　邪馬台国の周辺世界』（新泉社、二〇一三年）には、設楽《したら》博己《ひろみ》氏の「イレズミからみえてくる邪馬台国」が収められている。この論考によると、日本の入れ墨の習俗や文化には、次のような特徴があった。

縄文時代には男女ともに、口元や目の下に入れ墨をほどこしていたことが土偶の文様からわかる。健康な歯を抜く抜歯と同じく、痛みと危険を伴う通過儀礼と考えられる。ところが、弥生時代に入れ墨は男だけの習俗になったことが黥面土器や黥面絵画から判明する。これは戦争が活発化したことにより、入れ墨が「戦士の通過儀礼」に変わったからだという。

二〜四世紀の黥面土器の出土地は、「瀬戸内海の岡山・香川周辺」や「伊勢湾の岐阜・愛知周辺」に集中し、九州の福岡・宮崎、東日本の静岡・千葉・群馬・茨城からも出ているが、近畿周辺で見つかっていないのが謎とされる。この時期の近畿地方は入れ墨の空白地帯になっていたらしい。

二〜四世紀の黥面の特徴は「噴水のような」とも形容される多数の線刻が描かれていることにある。そして、四世紀以降の古墳時代には、弥生時代に空白だった近畿で入れ墨が復活したことを含め、関東にいたる各地に黥面の絵画や造形物がつくられた。弥生時代の形式を取り入れた入れ墨が表現された埴輪《はにわ》も現われるが、それも六世紀には廃れてしまう。

古墳時代は、古墳の外側を守護する盾をもつ武人や甲冑姿の戦士のほか、相撲の力士、琴を弾く者、馬曳《うまひ》きなど「神事・祭祀・芸能」に関わる職業の者が入れ墨をほどこしたと推測される。盾には邪悪なものを退ける魔除けの役割があり、設楽氏によれば、「こっちに来るんじゃない」という意識がうかがえ、埴輪の目尻の部分から線が描かれるのは、入れ墨が目と関係している実態を表わしているという。『記・紀』の記述は、黥面埴輪の入れ墨の実在性を保証するとも設楽氏は述べている。

さて、以上の事柄をふまえ、宮崎市の生目《いきめ》に生目神社と生目古墳群があり、黥面土器が出ている状況をまとめると、次のように言い表わせるだろう。

「弥生時代と古墳時代の境目にあたる二世紀頃、日向の生目には、目のまわりに入れ墨をした黥面の戦士が根を下ろし、周囲ににらみをきかせていた」

なお、生目古墳群一号墳は、奈良県桜井市の箸墓《はしはか》古墳の二分の一の相似形であるという。箸墓古墳は出現期の古墳で最古級とされる前方後円墳で、以前から邪馬台国の女王卑弥呼の墓ではないかと考えられてきた。

『日本書紀』は、箸墓古墳を第八代孝元《こうげん》天皇の妹にあたるヤマトトトヒモモソヒメの墓であると記した。この兄妹には吉備津彦《きびつひこ》という名の弟がいて、孝元天皇にはヤマトトトヒメという名前のよく似た娘がいたとも記されている。

同様の規格をもつ古墳には、三六面の銅鏡が出土した山城の椿井大塚山《つばいおおつかやま》古墳や、三四面の銅鏡が出た大和の黒塚《くろづか》古墳、吉備最古とされる浦間茶臼山《うらまちゃうすやま》古墳などが知られる。

また、『魏志』倭人伝には伊支馬という官名も出てくる。この伊支馬は、イキメと読めば生目に通じ、イクメと読めば垂仁《すいにん》天皇（活目《いくめ》入彦《いりひこ》）の名に通じる。このように、

「目」のつく地名と「目」のつく名前は、ある特定の時代にだけ現われる不思議な存在だ。

こうした「にらみの観念」は『魏志』倭人伝に記された邪馬台国以前から存在し、日本列島に国家が誕生した様子を探る手がかりになるとわたしは確信している。さっそく次章から、その威力をご覧に入れたい。

出発地は、黄泉国《よみのくに》の出入口に近いと『記・紀』が記した山陰の出雲である。

『古事記』による出雲神話のあらすじ

イザナキ・イザナミの国生み

天地のはじめのとき、神々の住む天上の高天原《たかまのはら》に、アメノミナカヌシ、タカミムスヒ、カムムスヒという三柱の神が誕生した。タカミムスヒは本来の最高神ともいわれる。

その後、男神のイザナキと女神のイザナミが誕生した。高天原の神は男女の神々に地を固めるように命じた。イザナキとイザナミの神は、すでにあったオノゴロ島に柱を立て、周囲をまわりながら言葉をかけあって結婚し、大八島国《おおやしまのくに》と呼ばれる淡路《あわじ》・四国・隠岐《おき》・九州・壱岐《いき》・対馬《つしま》・佐渡《さど》・本州の島々を生んだ。

それからも次々と神々を生むが、イザナミが最後にカグツチと呼ばれる火の神を生んだとき、体を焼かれて火傷で亡くなってしまう。悲しんだイザナキが自分の子であるカグツチを斬り殺すと、飛び散った血からもたくさんの神々が誕生した。

イザナキはイザナミを出雲《いずも》国と伯耆《ほうき》国の境にある比婆《ひば》山に葬った。その地下に黄泉《よみの》国《くに》と呼ばれる死者の世界があった。

黄泉国の軍勢との戦い

亡くした妻のことが忘れられないイザナキは深く嘆き、死んだイザナミを一目見たいと死者の国である黄泉国を訪れた。

イザナミに迎えられたイザナキは、一緒に帰ろうと誘う。イザナミはすでに黄泉国の食べ物を口にしてしまったので、黄泉国の神に相談しなければならないという。そして、しばらく待ってほしいと頼んだ。ところがその後、「まだご覧になってはいけません」と制止されていたにもかかわらず、イザナキはこらえきれずに、変わり果てたイザナミの姿を見てしまう。

イザナミの体は腐って、たくさんのウジがわいていた。イザナキは、恥をかかされたと怒ったイザナミや黄泉《よもつ》醜女《しこめ》に追いかけられることになる。イザナキは魔除けの桃の実などを武器に用いて追手から逃れ、黄泉国と地上との境界である黄泉比良坂《よもつひらさか》までからくも逃げ帰った。桃の実には、桃太郎が鬼を退治するような力があった。黄泉比良坂は、出雲国の伊賦夜坂《いふやざか》にあると伝えられる。

ここでイザナミは、「こんなにひどい仕打ちを受けたので、わたしはあなたの国の人間を毎日千人殺しましょう」といった。それに対してイザナキは、「ならばわたしは、毎日千五百人生まれるようにしよう」と答えた。

イザナキは黄泉比良坂から地上へと戻った。穢らわしい黄泉国を訪れてしまったので、身を清めるために禊《みそ》ぎをしようと、筑紫《つくし》の日向《ひむか》の小門《おど》の阿波岐《あわき》の原《はら》へ行った。

三貴子の誕生

身につけていたものを脱ぐと、それらからたくさんの神々が誕生し、清らかな海水で身をそそぐと、阿曇《あずみ》氏が奉斎《ほうさい》するワタツミの神や、住吉神社の住吉三神などが誕生した。そして最後に、右目を洗ったときにアマテラス大御神《おおみかみ》（天照大神）、左目を洗ったときにツクヨミ（月読）、鼻を洗ったときにスサノオ（須佐之男）の三貴子《さんきし》が誕生した。

イザナキはアマテラスに「高天原《たかまのはら》を治めよ」と命じた。また、ツクヨミに「夜《よる》の食《お》す国《くに》を治めよ」、スサノオに「海原《うなばら》を治めよ」と命じた。アマテラスとツクヨミは、イザナキの命令にそのまま従ったが、スサノオは死んだ母のいる根《ね》の国《くに》へ行きたいと泣きわめいた。

そこで、イザナキはスサノオを高天原から追放することに決めた。スサノオは姉のアマテラスに暇乞《いとまご》いの挨拶をしようと高天原へ戻るが、アマテラスから高天原を奪いに来たと警戒されたため、ウケヒという神に誓う占いを行なうことにした。

まずアマテラスがスサノオの持ち物である十拳剣《とつかのつるぎ》をもらい受け、折《お》って噛《か》むと、宗《むな》像《かた》神社に祀られている宗像三女神《むなかたさんじょしん》が生まれた。また、スサノオがアマテラスの持ち物である珠《たま》に水を降り注いで嚙むと、アメノオシホミミ（天忍穂耳）が生まれ、次に出雲国造家の祖先であるアメノホヒ（天穂日）などの男神が生まれた。

アマテラスは、「わたしの持ち物から生まれた男神は、わたしの子です。先に生まれた女神はあなたの持ち物から生まれたので、あなたの子です」といった。

スサノオは、「女神を生んだのはわたしの心が潔白であるからです」と自慢し、勝ち誇って傍若無人に暴れはじめた。高天原に糞《くそ》をまき散らし、馬の皮を剝《は》ぎ、あげくのはてに神聖な衣装を織る女性を死なせてしまった。アマテラスは怒って天《あめ》の岩屋《いわや》に隠れ、世界は闇に覆われることになった。

岩戸隠れとスサノオの追放

八百万《やおよろず》の神々は天安河に集《つど》って、タカミムスヒの子にあたるオモイカネを中心に知恵を絞った。そして、イシコリドメに命じて鏡をつくり、タマノオヤに命じて珠《たま》をつくり、アメノコヤネとフトダマに占いをさせ、天の岩屋の前で祭礼と宴会を行なった。

アマテラスは、八百万の神々のどよめきや、のちにサルタヒコ（猿田彦）と結婚することになるアメノウズメの踊りにつられて、岩屋から引き出されるが、スサノオは髭《ひげ》を切られ、手足の爪を抜かれて高天原から地上へ追放されることになる。

追放されたスサノオは、出雲の肥《ひ》の川（斐伊《ひい》川）のほとりに降り立った。スサノオが歩いていると、川の上流から箸《はし》が流れてきた。川上に人が住んでいるようなので、さらに足を運んでみると、若い娘を連れた老夫婦が泣いている。

スサノオのヤマタノオロチ退治

スサノオが老夫婦に泣いている理由《わけ》を訊《たず》ねると、「毎年、高志《こし》のヤマタノオロチという怪物が現われて娘を食べていきます。もう七人も食べられてしまい、今はクシナダヒメが残るだけなのです」という。ヤマタノオロチは、目がホオズキのように赤く、一つの胴体に八つの頭と八つの尾をもち、谷や尾根を八つも渡るほど巨大だという。

スサノオは、娘のクシナダヒメを自分にくれるなら退治してやろうと申し出、オロチに酒を飲ませて切り刻んだ。すると、体内から見事な太刀が現われた。スサノオは太刀をアマテラスに献上することにした。これがのちに三種《さんしゅ》の神器《じんぎ》の一つで熱田《あつた》神宮の宝剣となる「草薙《くさなぎ》の剣」である。

スサノオはクシナダヒメを娶《めと》り、日本初の和歌といわれる次のような歌を詠んだ。

八雲立《やくもた》つ　出雲《いずも》八重垣《やえがき》　妻籠《つまごみ》に　八重垣《やえがき》作る　その八重垣《やえがき》を（八重にも雲のわき立つ出雲の八重垣よ　妻を籠めるのに　八重の垣をつくるよ　その素晴らしい八重垣よ）

大国主と稲羽のシロウサギ

めでたくクシナダヒメと結婚したスサノオは、出雲に宮殿を建てて暮らした。その子孫が大国主《おおくにぬし》である。

大国主には八十神《やそかみ》と呼ばれる大勢の兄弟がいて、あるとき、稲羽《いなば》のヤカミヒメに求婚するために一緒に出かけた。すると、シロウサギが泣いていた。ワニと海を渡る競争をして、渡りきる前にだましたことを口にしてしまい、皮を剝《は》がれてしまったという。

八十神はシロウサギに「海水をあびて風にあたると治る」と嘘を教え、その助言を真に受けたシロウサギは、症状がますますひどくなってしまった。

泣いていると、そこに背中に大きな袋を背負った大国主が通りかかった。海水を浴びると痛みがひどくなった話を聞いて、大国主は「蒲《がま》の穂《ほ》の上で寝ていれば治る」と教えた。そのときシロウサギは、ヤカミヒメが結婚する相手は大国主だろうと予言した。その言葉通り、大国主はヤカミヒメを娶ることになる。

八十神の迫害

ヤカミヒメを奪われた八十神は怒りを抑えられず、イノシシに見せかけた焼け石を大国主に投げ落として殺した。このことを知った母神《ははがみ》が、高天原のカムムスヒに頼み込んで、何とか生き返らせてもらった。すると、八十神はまたもや木の裂け目に挟む罠を仕掛けて殺してしまうが、大国主は再び生き返る。

大国主は木の国（紀伊国）にいる大屋毘古《おおやひこ》のもとへ逃亡し、八十神もしぶとく大国主の後を追うが、大国主はさらにスサノオのいる根堅州国《ねのかたすくに》（根《ね》の国《くに》）へ逃れた。そこで大国主はスサノオの娘のスセリヒメと恋に落ち、たちまち夫婦となる。

スサノオは大国主に対し、ムカデやハチを仕向けたり、野に火を放ってそこへ追い込むなど数々の試練を課すが、大国主は巧みにそれらの試練を切り抜ける。そして、スサノオから武器を奪い取り、黄泉比良坂《よもつひらさか》から地上へと生還した。

黄泉比良坂まで追ってきたスサノオは、「その大刀や弓矢を使って八十神を追い払い、葦原中国《あしはらのなかつくに》を治めて大国主となるがいい」と叫んだ。

それから、大国主は海の彼方からやって来たスクナヒコナと協力し、出雲で国づくりを始める——。

第一章　カンノメ！（神目）——出雲を征服したのは隣国の吉備だった

初めて日本列島の国家統一を成し遂げた勢力は、いったいどこから現われたのだろうか。この問いは「天皇家の祖先の地」とされる天津神《あまつかみ》の故郷〈高天原《たかまのはら》〉はどこかという問いとも重なる。

手がかりは、天上の高天原と対照的に描かれた地上の出雲を国津神《くにつかみ》の故郷とする『記・紀』の神話に隠されているかもしれない。〈国譲《くにゆず》り〉の神話では、高天原から出雲へ天降《あまくだ》りが繰り返される。しかし、そこには神武東征のような「長い道のり」を感じさせる描写がまったくない。

天上から地上への天降りは〈垂直移動〉だから、当たり前のように思われるが、不自然なのも確かなのだ。ならば、高天原と出雲は意外に近かったと仮定することも必要ではないだろうか。というのも、出雲に隣接する吉備（岡山県）には、天津神らしい黥面《げいめん》の男たちが住んでいたと見られるからだ。

この章に登場する項目

〔地名〕神目《こうめ》・神目山《かんのめやま》・亀甲《かめのこう》・久米《くめ》郡・美作《みまさか》
〔神社〕神目《かんなめ》神社・亀山《かめやま》神社・真亀山《まがめやま》神社・厳島《いつくしま》神社・布施巨《ふせこ》神社
〔考古学〕加茂岩倉《かもいわくら》遺跡・神庭《かんば》荒神谷《こうじんだに》遺跡・楯築《たてつき》遺跡

〈国譲り〉のあらすじ

大国主は葦原中国《あしはらのなかつくに》で初めての国となる出雲を建国した。あるとき天上の高天原にいるアマテラスは、「葦原中国はわたしの子孫が治めるべき国である」と宣言し、まずは長男のアメノオシホミミ（天忍穂耳）を高天原から天降りさせる。だが、アメノオシホミミは地上の様子を見て、そこは騒がしい場所だと判断して高天原に戻ってくる。アマテラスは仕方なく次男のアメノホヒ（天穂日）を送り込むが、大国主と親密になって、やはり国を奪い取ることができなかった（出雲大社を奉斎してきた出雲氏＝出雲国造家や土師《はじ》（大江《おおえ》・菅原《すがわら》）氏は、このアメノホヒの子孫と伝えられる）。

武力で屈服させるほかないと悟ったアマテラスは、力自慢のタケミカヅチ（建御雷）を送り込んだ。タケミカヅチは大国主に対し、「葦原中国はアマテラスの子孫が治めるべき国と宣言された。汝の心はいかがか」と強硬に迫る。

大国主は息子の事代主《ことしろぬし》と相談して国譲りに同意するが、大国主にはタケミナカタ（建御名方）という腕力が自慢の別の息子がおり、タケミカヅチに力くらべを挑む。しかし、タケミナカタは手を握りつぶされて完敗する。

逃げるタケミナカタをタケミカヅチが追いかけ、諏訪湖《すわこ》で殺そうとすると、「ここから外へは絶対に出ないので、殺さないでくれ」と命乞いし、国を天津神に譲ると約束する。

タケミカヅチと再び対面した大国主は、「葦原中国は命令に従って献上しましょう」と国譲りに同意して、出雲の地に隠れた。

なぜ出雲にある神社の神紋は「亀の甲羅」ばかりなのか？

〈神話のふるさと〉といわれる島根県の出雲には、ほぼ完全な『出雲国風土記《いずものくにふどき》』が残るとともに、その『出雲国風土記』や平安時代の『延喜式《えんぎしき》』に載っている古社が数え切れないほどある。大社造りの建物も、おしなべて立派なものが多い。

なかでも、大神《おおかみ》と呼ばれる祭神を祀ってきた出雲《いずも》大社・熊野《くまの》大社・佐太《さだ》神社・能義《のき》神社の四社は「四大神《よんたいしん》」と称され、出雲では他の神社より上位に格付けされてきた。

そして、四大神の神社は次のような神紋《しんもん》（神社の紋章）を採用している。

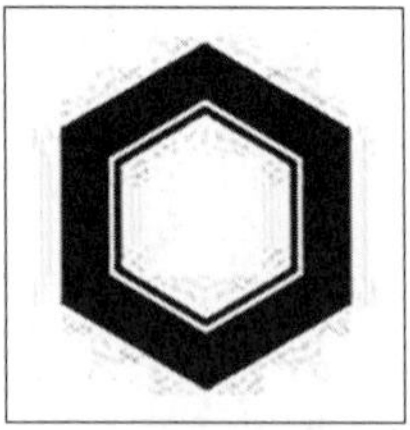

亀甲紋

▼出雲大社（祭神・大国主）――六角形の亀甲《きっこう》に剣花菱《けんかびし》を入れた紋
▼熊野大社（祭神・スサノオ）――亀甲に「大」の字を入れた紋
▼佐太神社（祭神・サルタヒコ）――南殿は亀甲に剣花菱・正中殿は扇・北殿は輪違《わちがい》
▼能義神社（祭神・アメノホヒ）――亀甲に剣花菱を入れた紋

出雲の四大神の神紋は、すべて亀の甲羅をかたどった亀甲紋である。さらに、美保《みほ》神社・八重垣《やえがき》神社・神魂《かもす》神社・須佐《すさ》神社といった出雲の主だった古社の神紋も亀甲紋である。祭神はそれぞれ違うのに、なぜ出雲は亀甲紋ばかりなのだろうか。だれもが不思議に思うはずだが、納得のいくような説明はこれまでなされていない。

亀は、中国の四神《ししん》*（青龍《せいりゅう》・朱雀《すじゃく》・白虎《びゃっこ》・玄武《げんぶ》）の考え方では、北方を守護する玄武を象徴しているといわれる。

この四神の考え方にもとづき、出雲で亀甲が採用されたと説明されることが多い。

たしかに、出雲は都のある畿内より北に位置するのは事実なのだが、方角は畿内の西

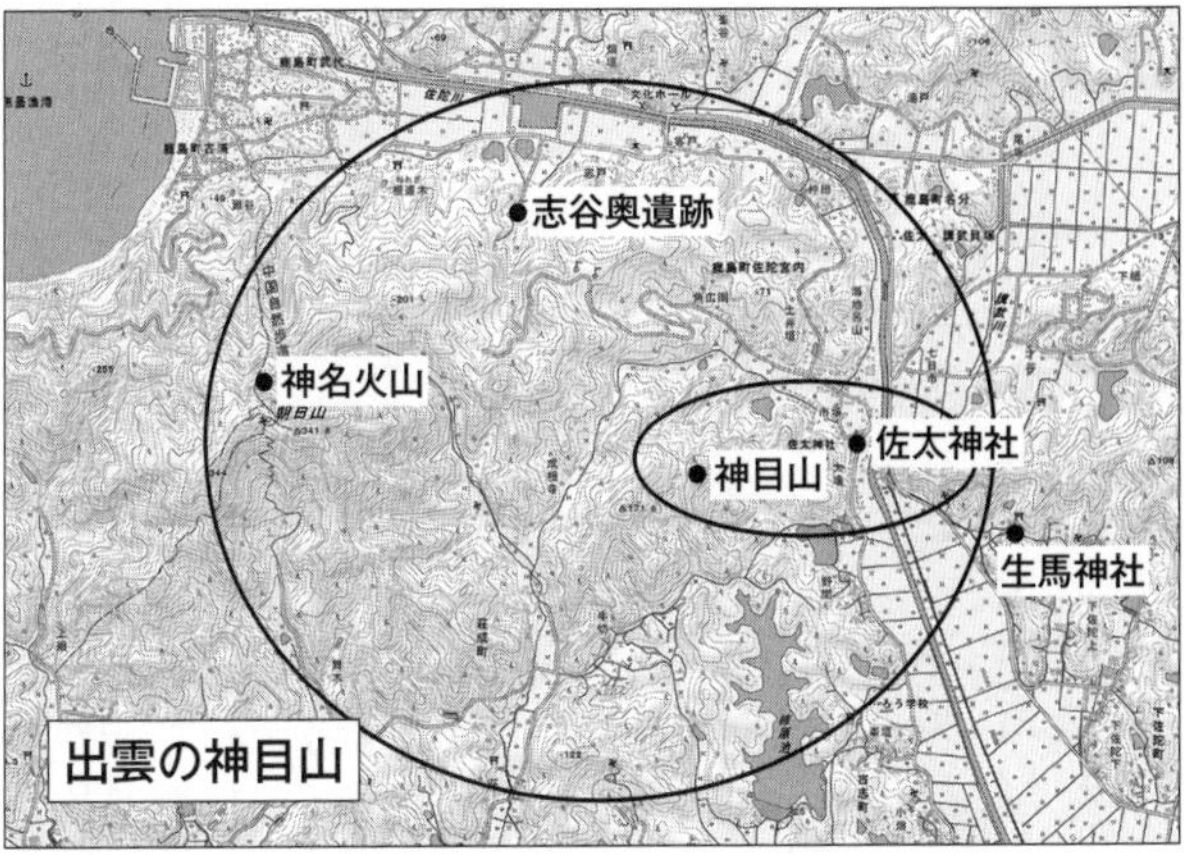

出雲の神目山

にあたるので、都の北の守りにはなりそうもない。

　ところが、方角ではなく、出雲にある山の名に目を向けると、大きく展望が開けてくる。四大神の周辺を探ると、佐太神社の背後に神《かん》目山《のめやま》と呼ばれる山が見つかる。さらに神目山の背後には、神名火山《かんなびやま》の別名をもつ朝日山《あさひやま》がある。ともに「神を冠した名の山」である。松江《まつえ》市鹿島《かしま》町佐陀本郷《さだほんごう》にある神目山は、佐太神社の神在祭《かみありさい》と呼ばれる祭事を最後に締めくくる「神等去出神事《からさでしんじ》の山」として知られている。

＊　四神＝東（春）を青龍、南（夏）を朱雀（朱鳥）、西（秋）を白虎、北（冬）を玄武（亀と蛇が合体した動物）に当て、守護神とする。漢代から流行が始まり、古代日本では高松塚《たかまつづか》古墳など墳墓の壁面や鏡（四神鏡）などに好んで描かれた。

神等去出神事とは読んで字のごとく、「神無月《かんなづき》」に出雲に集う神々を送り出す儀式を指している。その際、神官は無言で神目山へ向かい、山頂で神木に御神酒《おみき》を供える「船出の儀式」を行なうと、決して後ろを振り返らず一目散に山を降り、それをもって神事が終わるという風変わりなものだ。

佐太神社の裏に神目山がある事実が、「なぜ出雲にある神社の神紋は亀甲紋ばかりなのか」という問いに答えてくれることになるのだが、「神目山《かんのめやま》と亀甲紋」の関係をわかりやすく述べるには、その前に「神目と亀甲」の関係を説明しておく必要がある。そこで、少し遠まわりになるが、岡山県の美作《みまさか》にある別の地名を先に紹介しておきたい。

岡山県久米郡にある亀甲と神目

岡山県久米《くめ》郡にはJR西日本の津山《つやま》線が通り、久米郡美咲《みさき》町に亀甲《かめのこう》という駅がある。亀甲紋《きっこうもん》と同じ「亀の甲羅」の意味をもつこの駅名は、近いところに「亀《かめ》の甲岩《こういわ》」と呼ばれる奇岩があることから名づけられ、駅舎の屋根も甲羅に似せてつくられている。すごいのは屋根から突き出した亀の首で、目玉が時計になっている珍しいものだ。

亀甲駅から南へ四つ先には、久米郡久米南町の神目《こうめ》駅があり、これらの駅のある津山線の鉄道と国道五三号が、およそ五〇キロ離れた岡山市と津山市を結んでいる。亀甲駅から神目駅の一帯は、吉備高原《きびこうげん》と呼ばれる広い丘陵地帯の中央部に位置し、かつては美作国《みまさか》に属していた。

久米郡は、岡山県のほぼ〈真ん中〉にあるといってよく、大きく分けると山間部に分類されるが、大部分は低い山が連なっている。

さて、この吉備高原に存在している三つの地名「亀甲・神目・久米」は、それぞれカメノコウ・コウメ・クメと読み、「メのつく地名」であるとともに、読み方にも重なりが見られる。さらに、これらの三つの言葉には魔除《まよ》けという神秘的な力と関わる共通点があるのだ。

魔除けとは、悪意を込めた邪視《じゃし》や、それをはね返す辟邪《へきじゃ》の「にらみ」に通じる呪術的な観念である。魔《ま》は魔物《まもの》ともいう「魔性のあるよくないもの」を指し、それを避ける手段が魔除けと呼ばれた。古代の人びとは魔法のような神秘的な力を「神の仕業」と考えたらしい。

「亀甲の図形」が古くから魔除けに使われた話は、ご存じの方が多いのではないだろうか。「二つの正三角形」を逆向きに重ねた星形の六角形は、六芒星《ろくぼうせい》・籠目《かごめ》・ダビデの星などと呼ばれる**（次頁図上）**。この図形は中央に「亀甲の六角形」が現われ、全体の輪郭が亀の形に見えるところにも特徴がある。

星形の六角形は一筆書きが可能なのも神秘的なパワーと見なされ、形そのものに「魔除けの効果」を秘めていると伝えられてきた。籠目と呼ばれる文様も同じ形を指し、籠を編んだときにできる「目の形」から名づけられた。籠目の文様は、本物の籠のように、いくらでも連続させていくことができる。

　このように、吉備の地名や駅名に残る亀甲は、魔除け効果があると信じられた六角形にちなむのに対し、二番目の神目（かんめ・こうめ）は、「神の目」と読める言葉そのものがパワーを生み出すと受け取られたのではないだろうか。

「目は口ほどに物を言う」ということわざがある。日本にある神社仏閣などの聖域では、目を見開いてあたりを威嚇する狛犬《こまいぬ》や仁王《におう》が境内で見張りをつとめている。

　国外の事例でも、「ホルスの目」と名づけられた古代エジプトの天空神のシンボル（右

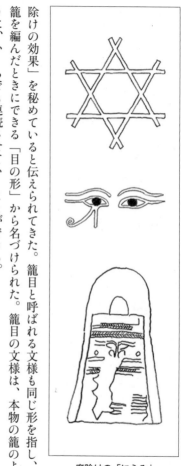

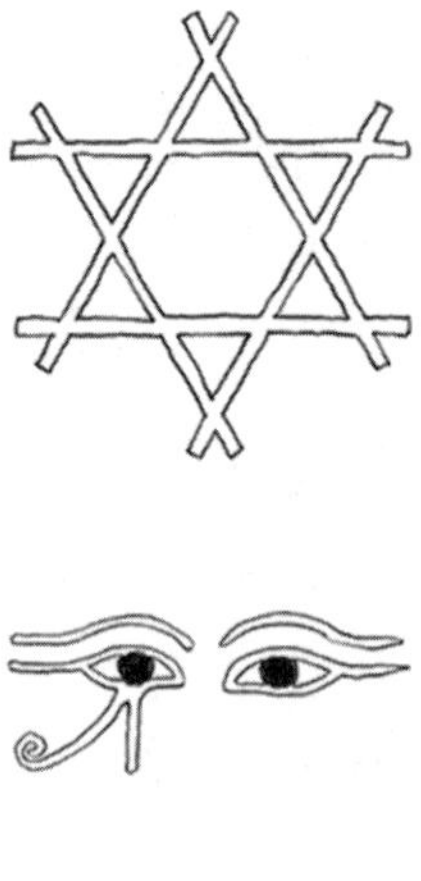
魔除けの「にらみ」

図中）は、まさにジロリとにらんでいて、その不気味な眼差しは島根県の加茂《かも》岩倉《いわくら》遺跡から出土した邪視《じゃし》文銅鐸《もんどうたく》**（右図下）**に描かれた「にらみの目」とよく似た雰囲気がある。ただし、銅鐸の目には黒目が描かれていないように見える。

邪視文銅鐸とは「にらみが描かれた銅鐸」を指している。以後も考古学遺物として銅鐸がよく登場するばかりでなく、「神の目」と血みどろの戦いを演じた主役だから、銅鐸全般に関して、少し詳しく説明しておきたい。

銅鐸《どうたく》は、紀元前二世紀から紀元二世紀までの弥生時代の約四〇〇年間に、何らかの祭祀に用いられたと考えられる青銅製の鐘《かね》で、中国の鐸《たく》という鐘に形が似ているので、銅鐸と呼ばれるようになった。

近畿地方を中心に、西は島根・香川・高知・佐賀、東は福井・岐阜・静岡・長野の範囲に、大部分は土中に埋納された状態で、これまで五〇〇個以上も発見されている。ほかに小銅鐸と呼ばれる小型で文様のない種類があり、こちらは九州の熊本から北関東までより広く分布している。

銅鐸を鋳造した石製の鋳型《いがた》は、近畿でおよそ二〇個、九州北部でも福岡と佐賀で見つかっている。銅鐸は墓の副葬品にされた例はなく、個人ではなく共同体が所有したらしい。問題は、どうして銅鐸が土中から発見されるのかということだ。多くが埋納された状態で発見される理由として、「ふだんは埋めておいて、使用時に取り出した（土中保管説）」「外敵が攻めてきたので、あわてて隠匿した（隠匿説）」「社会情勢が変わって処分された（廃棄説）」といった説が唱えられてきたが、いずれも定説となるには至っていない。

銅鐸が最も大量に発見された遺跡が、島根県雲南《うんなん》市にある弥生時代中期の加茂岩倉《かもいわくら》遺跡である。一九九六年、この山中で農道工事中に三九個の銅鐸が見つかった。遺跡から四五センチ前後の銅鐸が二〇個、三〇センチ前後のものが一九個出て、大きな銅鐸に小さな銅鐸を納めた「入れ子《いれこ》」の状態にされていた。紀元一世紀頃までに埋められたと推定され、およそ三キロ離れた神庭荒神谷《かんばこうじんだに》遺跡で発見された三五八本の大量の銅剣との関連が注目を集めるようになった。

加茂岩倉遺跡から出た三九個の銅鐸の一つに「目」が描かれ、邪視文銅鐸《じゃしもんどうたく》と呼ばれているのだが、出雲には以前から「伝出雲出土銅鐸《でんいずもしゅつどどうたく》」という、花器《かき》に使われた経歴をもつ目のある銅鐸が知られていた。これで、出雲で二つ目の邪視文銅鐸が出てきたことになる。銅鐸の目は「にらみ」を表わし、祭祀の目的には境界などの見張りが含まれていたらしいとも推測されてきた。そして、加茂岩倉遺跡で出た邪視文銅鐸は、鋳型との照合から佐賀県鳥栖《とす》市の安永田《やすながた》遺跡で製作されたことがわかった。

さらに、同じ鋳型で鋳造されたと判定されるものの、「目のない」銅鐸が安永田遺跡の西方の吉野ヶ里遺跡の近くで見つかっている。この発見で、「九州に大型の銅鐸はない」というそれまでの定説は覆されたが、そのこととは別に、九州は銅鐸を製作していたものの、邪視文銅鐸を求めたのは中国地方にかぎられる可能性が高まった。

神秘的な「目のにらみ」では、米国の一ドル紙幣に印刷されている「神の全能の目」を意味するという「プロビデンスの目」も有名だ。ピラミッドの上方から一つ目がにらんでいる不気味な図柄だが、これが「神の目」だとすると、邪視ではなく、悪意をはねのける正義の目を表わしているようである。

「神の目」を背負った久米氏の職務

「亀甲・神目・久米」の三番目の久米《くめ》は、地名であるとともに人名（氏族名）でもある。古代の中央豪族だった久米氏は、大和国高市郡《たかいちぐん》久米《くめ》郷（奈良県橿原《かしはら》市久米《くめ》町）に本拠を構えていた。久米町には現在も久米御縣《くめのみあがた》神社と久米《くめ》寺《でら》がある。

平安時代の郡名・郷名などを網羅した『和名類聚抄《わみようるいじゆうしよう》』には、美作《みまさか》国久米郡に久米郷が載っている。久米郡は美作のほか鳥取県の伯耆《ほうき》と愛媛県の伊予《いよ》にもあり、岡山県総社《そうじゃ》市の鬼《き》ノ城《じょう》の南には、かなり広い範囲に久米の地名が今も残る。

『日本書紀』には伊予国の久米郡に「来目部小楯《くめべのおだて》」という名の人物がいたと記され、それぞれの久米郡には、中央豪族の久米氏に率いられた部民《べみん》の久米部《くめべ》が根を下ろしたと考えられている。小楯は、いかにも軍人を思わせる名だ。

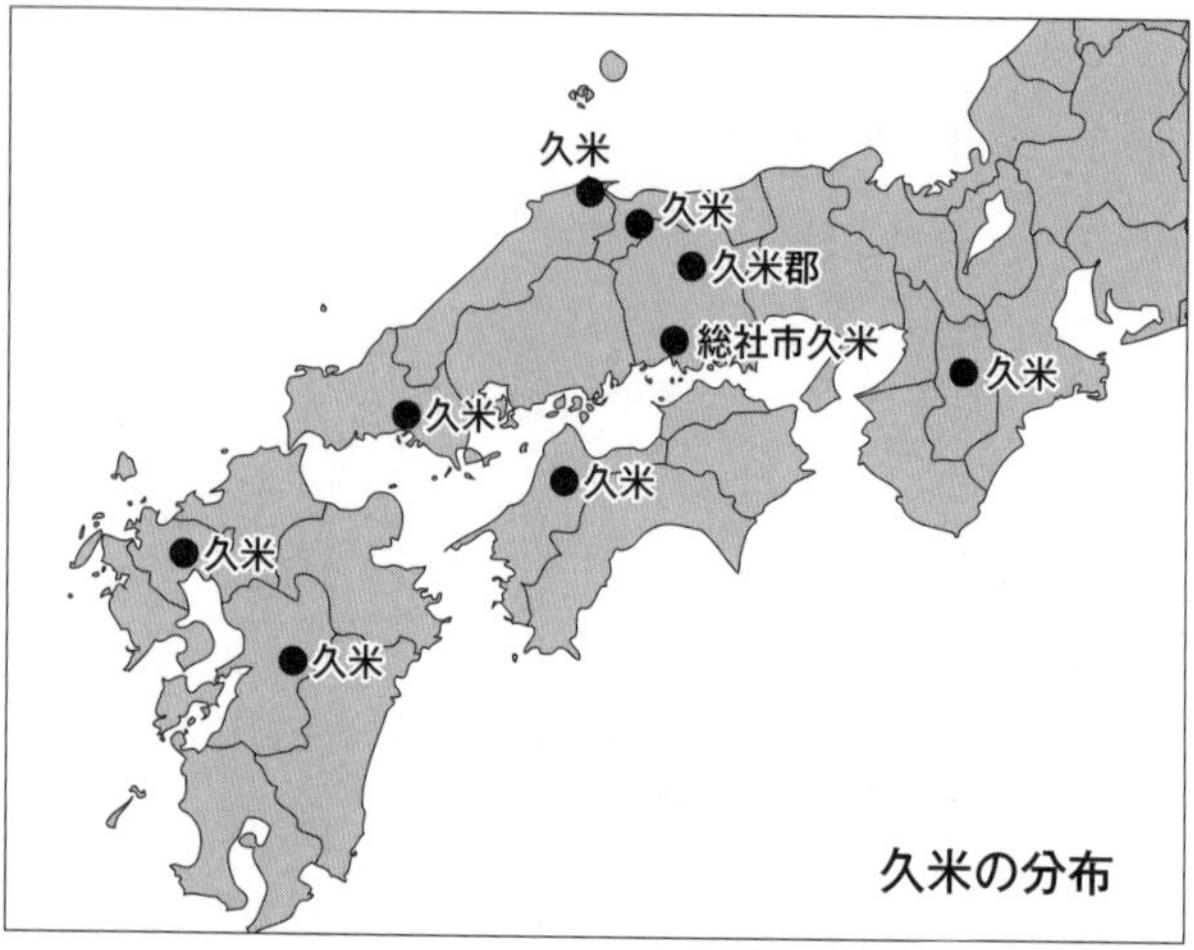

久米の分布

久米氏は大和に本拠を構え、久米氏が率いた久米部は中国・四国を主要な勢力範囲として各地に配属された。つまり、これらすべてを合わせた久米の地名が、久米氏の勢力地だったことになる。二万人以上いるといわれる久米の名字をもつ人も、多くは久米部に由来するといわれる。

かつては島根県松江市の佐太神社の南にも久米の地名があったらしいが、今は自治会館の名称としての久米だけが残る。

中央豪族の久米氏は、『記・紀』の「天孫降臨《てんそんこうりん》」の神話に登場する「天津《あまつ》久《く》米命《めのみこと》」と、「神武《じんむ》東征《とうせい》」に顔を出す「大《おお》久《く》米命《めのみこと》」の末裔とされている。『古事記』には久米氏の始祖が、軍事豪族として知られる大伴《おおとも》*氏の始祖とともに戦闘や刑の執行に加わったと記され、久米氏も軍事警察的な職掌を担っていたことがわかる。『古事記』には「久米の子」らが「撃ちてし止まむ（撃たずにおかぬものか）」と勇壮に久米歌《くめうた》をうたう場面がある。久米歌は士気を鼓舞し、戦意を高揚するための軍歌である。

久米歌や、歌に舞いをつけた久米舞《くめまい》は、宮中儀礼として採用され、太平洋戦争の最中には、「撃ちてし止まむ」は陸軍省によって米英と決戦する際の勇ましい戦争標語に選ばれている。

しかし、美作国久米郡・伯耆国久米郡・伊予国久米郡などの氏族の地名を中国・四国地方に残した古参豪族である久米氏も、飛鳥時代に衰退していき、久米歌と久米舞は同じ軍事警察的な豪族の大伴氏や佐伯《さえき》氏**に引き継がれたといわれる。その後も、久

---

* 大伴氏＝大伴氏は朝廷直属の伴部《ともべ》（下級官人）の部民を率いた軍事豪族の名門で、久米部を率いたという説もある。天孫降臨に随伴し、天津神の一行を導いた天忍日《あめのおしひ》を始祖にもつと称した。天忍日はタカミムスヒの末裔とされる。

** 佐伯氏＝佐伯氏と大伴氏は同族説もある。同じ軍事豪族で、中国・四国の瀬戸内海沿岸部に勢力を有した。佐伯の名は「塞《さえ》ぎる」や「塞《さえ》の柵《き》」に由来し、柵《き》は砦や城柵を指している。なお、安芸《あき》国にいた佐伯氏は厳島《いつくしま》神社（宮島《みやじま》）の神主で、同族である讃岐国の佐伯氏からは高野山を開いた空海《くうかい》（弘法大師《こうぼうだいし》）が出ている。

米歌と久米舞は、今日に至るまで宮内庁楽部で演じられてきた。

国境を見張る美作国久米郡と安芸国佐伯郡

勇壮な軍歌や舞いのほかに、久米氏は「目」に何よりの特徴をもっていたとされる。久米氏の祖・大久米命が鯨利目《さけるとめ》と表現されたように、久米氏や「久米の子」らは、顔面に黥面《げいめん》と表現された入れ墨をほどこしていたと考えられ、歌をうたうだけでなく、「目のにらみ」を武器とする呪術的な戦士の軍団を組織していたようである。

『日本書紀』の〈天孫降臨〉の場面では、大久米命が大伴氏の祖神である天忍日《あめのおしひ》の配下として、また『古事記』では対等な関係として、久米氏と大伴氏がともに天皇直属の軍人として描かれている。本拠地も畝傍山《うねびやま》の南麓で隣り合っていた。

すでに述べたように、中央豪族である久米氏は、同じ地名の分布する中国・四国地方に根を下ろしていた。岡山市と倉敷市の境を流れる足守川流域では、久米の地名が残る総社市久米から最古の黥面土器《げいめんどき》が出土した上東《じょうとう》遺跡まで、楯築《たてつき》遺跡や真宮《しんみや》神社を中心に遺跡が密集している。つまり、ここでも「メのつく地名」と入れ墨を表現した黥面の習俗は重なるのだ。

こうして、黥面の習俗を伝える『記・紀』の神話を考古学の遺物が裏づけ、その場所を地名が示すというぐあいに「地名・神話・考古学」の三つがうまくかみ合うようになる。すると、軍歌や舞いに加えて、久米氏の武器でもある「黥面によるにらみ」と同じ観念を秘めているらしい「神目」という地名が浮かび上がってくる。

そこに、同系統の言葉として亀甲という地名が加わる。美作《みまさか》にある久米郡の美咲《みさき》町は、亀甲《かめのこう》駅と駅名の由来になった亀甲岩《かめのこういわ》について、次のように解説している。

《駅近くに亀の甲羅のような岩があることから〈亀甲〉の名があります。構内には亀の像なども展示しています。昔、旅人がこの地で行き倒れました。それを里人が哀れんでこの地に埋葬したところ、ある蒼い月の夜に、巨大な岩が弘法大師《こうぼうだいし》の尊像を乗せてせり上がったといいます。この岩の形が亀に似ていたために、〈亀《かめ》の甲岩《こういわ》〉と言われるようになりました》

亀甲の信仰が「魔除けの印」である六角形から生まれたことは、いつの間にか忘れられたらしい。しかし、それが忘れられても、亀や亀甲に対する信仰は残されたのだ。亀の甲岩の上には祠がつくられ、磐座《いわくら》と見なされていた気配もただよう。

さらに、弘法大師（空海）の名が出てくるのも興味深い。空海は大伴氏・久米氏と並び称される軍事豪族の佐伯氏の出身だが、「魔除けの印」は忘れられても、佐伯氏との関わりは記憶に残されたらしい。

『和名類聚抄《わみょうるいじゅうしょう》』に載る「美作国久米郡久米郷」は、現在の久米郡に隣接する津山市に位置していたという。この地では星形の六角形（六芒星《ろくぼうせい》・籠目《かごめ》）から連想された「亀の甲羅」を聖なるものと見なす考え方が引き継がれてきた。亀甲駅が誕生したのは、そういう信仰と伝説が土壌に染みこんでいたからだ。

美作国久米郡の周辺は、古くから「久米氏の黥面・神目のにらみ・亀の甲羅」といった魔除けの観念が根を下ろした空間だった。だが、時が経つにつれ、それらの観念は、次第に薄らいでいった。

ただし、久米氏は自らの象徴であった「顔面に入れ墨をほどこした目」を神目（カンメ・コウメ）と呼び、そこからクメという氏族名が誕生したものと思われる。カメの由来も同じなのではないだろうか。ここでは「カメノコウ・コウメ・クメ」が、おそらく神目と同系統の言葉であると見なして、話を先へ進めるとしよう。

美作は、美坂《みまさか》や味酒《うまさけ》などに由来する説が唱えられている。だが、久米郡が「神目郡」と同系統の「にらみ」の観念を秘めた地名なら、ミマ（美）とサカ（作）からなる美《み》作《さか》も、「境界をにらむ」地名の可能性が出てくる。その場合、ミマは五章で詳しく見ていくように「見目《みま》」と考えられ、サカは境（境界）を意味するにちがいない。

さらに、吉備の北方の境界に位置する美作が「にらみ」の空間だったとすると、吉備の西方の境界や東方の境界にも、同様の意味の地名がありそうだ。

広島市佐伯区は、かつての安芸国佐伯《さえき》郡とも重なるが、古くはこの周辺まで吉備の西方の国境だった気配が濃い。佐伯郡が、安芸の宮島《みやじま》（厳島《いつくしま》神社）を奉斎した厳島神主家《かんぬしけ》*の佐伯氏と同じ辟邪《へきじゃ》の意味をもつことも、それを裏づけるようである。

佐伯氏の氏族名と、佐伯郡の地名のどちらが先だったのかはじつは不明だ。同じことは久米氏と久米郡の関係にもいえる。いずれも古そうで、命名の時期は吉備が膨張した弥生時代に遡ることもあり得るだろう。

美作の国名と久米の郡名を「境界をにらんで見張る」地名と読み取ると、吉備の外部に対する警戒感が浮き彫りになる。安芸国佐伯郡の郡名も辟邪を表わし、膨張した吉備は美作や久米郡で北方の境界が、佐伯で西方の境界が意識されていたことになる。南は瀬戸内海に面し、今は平野となっている児島湾の西まで入江の状態で、海が境界を形づくっていた。では、東方の境界はどんなぐあいだったのだろうか。

吉備の東方で「にらみ」の地名を探すと、注目されるのがマの音をもった播磨《はりま》である。『古事記』の孝霊《こうれい》天皇条には、加古川流域まで吉備の領域だったことを示す記述があり、播磨には「目《ま》を張りめぐらした国」の気配がただよう。吉備は七世紀に備前・備中・備後に分割され、八世紀には備前から美作が分離し、最終的に四つに分けられた。安芸と播磨の一部も、かつては吉備に蚕食《さんしょく》されたようである。

＊ 厳島神主家＝社伝によると、安芸国の佐伯鞍職《さえきのくらもと》が社殿造営の神託を受け、推古《すいこ》天皇の時代に厳島神社が創建されたという。それ以来、神主家は佐伯氏が世襲し、源平時代はそれぞれに取り入って栄えたが、鎌倉時代に入って藤原氏に神主家の座を奪われた。

見方を変えると、全方向に縄張りを広げて国境を広げていったからこそ、吉備国は他国より境界の意識がとりわけ強烈だったのかもしれない。そして、「神の目」で相手をにらみつける観念は、自分の国を〈神の国〉と信じたことから生まれたのではないだろうか。

吉備が周辺諸国を圧迫する大国だった様子がわかったところで、そろそろ出雲の亀甲紋と神目山《かんのめやま》に話を戻そう。が、その前にもう一か所だけ、「にらみ」の地名が集中する広島の様子を見ておきたい。

「神の目」は吉備国の西方もにらんでいた

かつての安芸国佐伯郡の東部に接する広島市の安佐北区にも、真亀山《まがめやま》神社・亀崎《かめざき》神社・亀山《かめやま》神社といった「亀のつく神社」が集中し、ずばり「神の目」を社名にもつ神《かん》目《なめ》神社も鎮座している(「こうのめ」とも読まれるようだ)。

真亀山《まがめやま》神社と亀崎《かめざき》神社は太田《おおた》川と三篠《みささ》川の合流点に近く、そこから三篠《みささ》川を七キロほど遡った白木町に神目神社がある。亀山神社はそのさらに八キロほど上流だ。

広島市周辺に久米の地名は見当たらないが、右の四つの神社が芸備《げいび》線に沿った同じ流域に並んでいるのは、亀と神目の強固な結びつきを物語っている。

吉備から分かれた備後を取り込んだ広島県も、備後をのぞく元の吉備国からなる岡

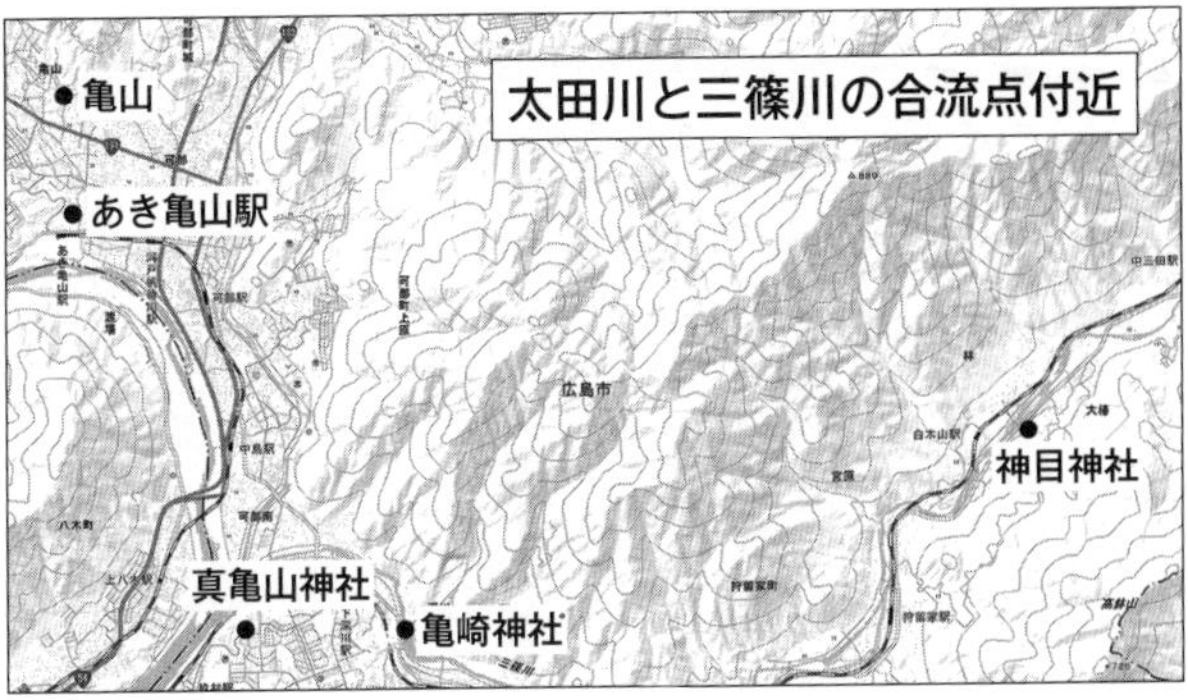

山県と同じように、国境地帯の外側を見張る「にらみ」の観念が深く浸透していた地域と見てよさそうである。

さて、ここまでの話を整理しておこう。かつて大国だった分割前の吉備の周辺には、今の島根県・岡山県・広島県の三つの地域に「亀甲と神目と久米」あるいは「亀と神目」の組み合わせがそれぞれ存在した。

▼島根県──亀甲の神紋・神目山《かんのめやま》・久米
▼岡山県──亀甲《かめのこう》駅・神目《こうめ》駅・美作国久米郡久米郷
▼広島県──真亀山神社・亀崎神社・神目神社・亀山神社

右の三つの地域で、「にらみ」による魔除けの観念の発祥地に近いと推測される場所が、自分たちの顔に「神の目」があると自負し、顔に黥面の入れ墨をしていた久米氏や久米部のいた美作国久米郡である。出雲は、その久米郡の西北に位置した。

「亀と神目」および「神目と久米」の強固な結びつきをふまえた上で、あらためて問い直してみよう。

出雲の神社の神紋が亀甲紋だらけなのは、なぜなのだろうか？　国津神のサルタヒコを祀る佐太《さだ》神社の背後にある山が、神目山と名づけられた理由は何なのだろうか？

出雲の国境を南へ越えると亀甲紋が消える

出雲の神社の神紋が亀甲だらけであることについては、補足が必要かもしれない。

出雲は島根県東部にあたるが、島根県西部の石見でも亀甲紋を採用している神社は多い。このことは、鳥取県全域にもおおむね当てはまる。

たとえば、鳥取県には次のような亀甲紋の神社が存在する。

▼波波伎《ははき》神社（鳥取県倉吉市福庭）——祭神・武葉槌《たけはづち》

▼國廳裏《こくちょうり》神社（倉吉市国分寺）——祭神・大国主

▼天日名鳥《あめのひなとり》命神社（鳥取市大畑）——祭神・天日名鳥《あめのひなとり》

▼天穂日《あめのほひ》命神社（鳥取市福井）——祭神・天穂日《あめのほひ》

古代の吉備が現在の岡山県と広島県にまたがっていた大国だったように、古代の出雲も現在の島根県と鳥取県にまたがり、東西に広がる領域をもっていたようである。

ところが、島根県・鳥取県から南へ〈県境〉を越え、現在の岡山県に入ったとたんに、たちまち亀甲紋の神社は見つからなくなるのだ。

久米氏が根を下ろした吉備（のちの美作国久米郡周辺）は「にらみ」の観念を生み出した魔除けの本場と思われる。が、意外にも、岡山県と広島県で亀甲紋を採用しているのは、次の二社ぐらいしか見当たらない。

▼安芸の厳島神社（広島県廿日市市《はつかいち》）――祭神・宗像三女神《むなかたさんじょしん》
▼備前の布施巨《ふせこ》神社（岡山県赤磐市《あかいわ》）――祭神・事代主《ことしろぬし》

厳島神社は軍事豪族に名を連ねた佐伯氏が神主をつとめた神社だ。しかも、厳島神社に祀られる宗像三女神の一人は、『記・紀』の神話で大国主の妻となり、その息子が事代主、さらにその娘が神武皇后のヒメタタライスズヒメなのである。

つまり、右の二社は大国主と関わりの深い「出雲系の神社」といってよい。すなわち、亀甲紋を神紋に採用していたのは、「出雲にある神社」と「出雲の神を祀る神社」

だったわけである。

すると、「神の目」が何をにらみ、何を見張っていたかは、もはや明らかだろう。標的は国津神に分類された「出雲の神」なのだ。亀甲紋の神社には天津神を祀ってきた神社も含まれるが、「出雲の神」から天津神を守るのが目的だったのかもしれない。

国譲りを強いられた出雲の敗北

わたしは当初、「亀・神目」や「神目・久米」といった地名が残る地は、邪視《じゃし》や辟《へき》邪《じゃ》の観念が浸透した文化に類似性のあるところだと思い込んでいた。しかし、亀甲紋の分布を調べると、「見張る側」と「見張られる側」に分かれている。出雲と吉備は文化が近いどころか、立場が正反対の地域だったことに、ようやく気がついた。

それにしても、吉備の勢力は、サルタヒコのような出雲の神に対し、なぜこれほど警戒し、封じ込めをはかったのだろうか。

およその輪郭は『記・紀』の出雲神話から想像することができる。

出雲を主な舞台に設定した『記・紀』の神話は、出雲の敗北を最大の出来事と位置づけているように見えるからだ。それは統治権が交替した「国譲り」として描かれ、国津神の大国主は、勝者である高天原の神々に「国の主の座」を明け渡す。そのとき懸念されたのは、敗者は祟りをもたらす魔になりかねないことだったようだ。

出雲で最も格式の高い出雲大社に大国主が祀られていることからわかるように、天津神は統治権を奪った国津神を立派な神殿に祀った。だが、その裏で「にらみ」や「見張り」といった魔除けを抜かりなく張りめぐらしていたわけである。

日本の神社は、山や滝や泉などの自然、神々が降臨すると考えられた山や石を神の依り代として拝んだ磐座《いわくら》信仰の地など、幅広い起源をもつといわれる。

一方で、出雲大社には、それらとはだいぶ異なった起源も伝わる。『古事記』には大国主が天津神に国譲りをする代わりに、高天原に届くほどの高い御殿をつくってほしいと天津神に求めたと記されているからである。その御殿というのが、日本一の高層で有名な出雲大社の社殿なのだという。

日本の風土では、条件をつけて取り引きをする人間は尊敬されることがない。頼まれたから建てたという話は、天津神に都合のよすぎる話で、祟りが怖いので祀ったとは口が裂けてもいいたくないので、「つくってあげた」ことに決めたようである。

出雲神話には、天津神に国を譲った国津神の神々が〈隠れた〉とある。この表現は死の言い換えである。そして、平安時代くらいまでは、平 将門《たいらのまさかど》などの敗者の怨霊は生きた人間の反逆より怖れられたといわれる。

勝者が敗者を祀ったのは、菅原 道真《すがわらのみちざね》を祀る北野《きたの》天満宮《てんまんぐう》に朝廷が勅使《ちょくし》を送ったのと同じで、祟りを封じるのが第一の目的だった。そうした祟りに対する魔除けになる印と信じられていたのが亀甲なのだ。

出雲にある神社の神紋が亀甲紋だらけなのは、敗北した出雲の神々が祟らないよう、魔除けの効果を狙ったからにちがいない。地名を根拠にした推論は、このへんが限度だが、強力な「神の目」を組み合わせて、さらなる監視に励んだのだと思われる。

「神の目」でにらんだ神目山の神等去出神事

「神の目」の痕跡は地名だけでなく、神事にもはっきりと残されている。

佐太神社の背後に神目山《かんのめやま》があり、その奥に神名火山《かんなびやま》の別名をもつ朝日山《あさひやま》がある。神目山は神在祭《かみありさい》と呼ばれる佐太神社の祭事を締めくくる神等去出神事《からさでしんじ》が行なわれる山で、これは神無月《かんなづき》に出雲に集った神々を祭の終了後に送り出す神事であるという。

日本には旧暦十月の異称として神無月（かんなづき・かみなしづき）があった。それに対し、出雲では独自に神在月《かみありつき》と呼んだ。中世以来、他国に神々がいなくなる十月は「出雲に神々が集う月」と決めたのだ。

その趣旨に合わせ、旧暦の十月には、最寄りの稲佐《いなさ》の浜で神迎祭《かみむかえ》を行なう出雲大社をはじめ、それぞれの神社が神在祭を行なった。出雲大社の神紋は亀甲に「剣花菱」を入れた紋だが、かつては亀甲に「有の字」の紋章も使われたという。「**有**」とは「**十**と**月**」の組み合わせで、「神在月」の「在＝有」にかけている。

出雲の神在祭では佐太神社が古くからの伝統を誇り、最も有名だったらしい。佐太神社は「イザナミの墓*」に近く、イザナミの子孫である「八百万《やおよろず》の神」が祖先をしのんで佐太神社に集うともいわれた。これを「佐太の神集《かみつど》い」と呼んだという。

四大神と称された出雲大社・熊野大社・佐太神社・能義神社のうちで、背後に神目山がある佐太神社だけが特別扱いを受けた。むろん厚遇ではなく、「神の目のにらみ」で監視されてきたのだ。国津神でもとりわけサルタヒコが警戒されていたことは、神在祭を締めくくる「神等去出《からさで》神事」の謎めいた内容から想像される。

瀧音能之《たきおとよしゆき》氏の『出雲古代史論攷』（岩田書院、二〇一四年）によると、神事は次のように進行するという。

十一月二十五日の夜半、社殿の祭場で、神職が「お立ち、お立ち」と唱えて梅の木の笞《むち》で地面を叩くことから儀式は始まる。それから、宮司が神職を先導して神目山へ向かい、松の木を飾り、御神酒を供える。さらに船の形をした神籬《ひもろぎ》を用いて船出《ふなで》式の神事を行ない、御神酒を飲み終えたら、後ろを振り返らず、一目散に山から下りる。

このあと、佐太神社では止神《しわがみ》送りという神事が行なわれた。止神《しわがみ》は老神《おいがみ》とも呼ぶ悪

＊　イザナミの墓＝『古事記』では出雲と伯耆の境界の比婆《ひば》山、『日本書紀』の一書では紀伊熊野の花窟《はなのいわや》神社がイザナミの墓と伝えられる。宮内庁は松江市の神納山《かんのやま》を陵墓参考地に指定し、兵庫県淡路市多賀《たか》の伊弉諾《いざなぎ》神宮はイザナキが隠れた幽宮《かくれのみや》とされる。

神を指し、神々を立ち去らせる「神等去出神事」をすでに終えているにもかかわらず、いまだにこの地に留まる悪い神を追い払うのが目的だという。内容は神等去出神事と変わらず、神目山で行なわれ、神事が終わると、やはり一目散に山から下りる。

この儀式から浮かび上がるのは、神目山が「神々を追い払う山」にほかならず、神事に参加する神官が後ろを振り返らずに山を下りる習わしは、「にらみ」と「見張り」を執り行なう「神の目」を見てはいけない掟の存在を思わせる。

出雲で八百万《やおよろず》の神々を追い出す神在祭が始まったのは、中世以降のことだという。以前から神目山の「目の威力」は知られていたようだが、その起源はサルタヒコを「にらむ」山として命名された過去に遡るはずだ。

地名・神話・考古学を背負っていた亀石

ここまで、佐太神社の裏に神目山がある位置関係から、隣国の吉備の勢力が出雲に「にらみをきかせる」構図を探ってきた。天津神は魔除けになると期待された亀甲の神紋で国津神の神々を封じ込めながら、「神の力」と信じた「神の目」で背後から監視を行なったと想像される。

さらに考古学の遺物を組み合わせると、「神の目」の観念が吉備で生まれたらしい様子が、もう少し具体的に明らかになってくる。

楯築遺跡の祠

サルタヒコは境界神（サエの神）の性格をもち、邪視《じゃし》文銅鐸《もんどうたく》にも同じ役割が期待されていたと見られる。佐太神社に祀られたサルタヒコは『記・紀』が記すように外部との国境地帯に姿を現わす。二世紀の倭《わ》国大乱《こくたいらん》の頃に、近畿・東海地方で大型化していった銅鐸も国境を意識した祭器だったようだ。吉備の勢力はそうした境界神に対抗しようと、「神の目」の観念を編み出したのではないかとわたしは思う。

　銅鐸を含む青銅製祭器の分布には、きわめて興味深い特徴がある。弥生時代の中期までの吉備は、銅剣・銅矛《どうほこ》・銅戈《どうか》と銅鐸が共存する地域だったにもかかわらず、弥生時代の後期になると、九州北部から四国西部までの広形銅矛・銅戈の分布域と、近畿地方を中心とする大形銅鐸の分布域に分かれ、そのあいだの中国地方は青銅製祭器の空白地帯になる。

　弥生後期の中国地方は、山陽・山陰に領土を拡大した吉備と重なる。だから、二世紀に吉備は青銅製祭器に代わる「神の目」を創始したと思われ、おそらくその時代の「神の目」を中心とする祭祀の場が、巨大な立石が並んだ楯築《たてつき》遺跡で、のちに〈吉備の大首長〉の墳墓にされるのだ。

楯築遺跡は岡山県倉敷市矢部《やべ》の足守川《あしもりがわ》流域にある。楯築墳丘墓とも呼ばれ、弥生時代の後期（二世紀後半）に築造された事実上の大型古墳といってよい。楯築遺跡は前《ぜん》方後円墳《ぽうこうえんふん》に方墳《ほうふん》を加えた双方中円墳《そうほうちゆうえんふん》に分類されるが、弥生時代の古墳というと矛盾した表現になってしまうので墳丘墓と呼ばれてきた。

七二メートルある墳丘は弥生時代では日本最大とされる。遺跡が密集する足守川流域は吉備の中枢と見られ、墳丘の規模は吉備の実力を反映していたはずである。

古墳は大和の纒向《まきむく》周辺で発生した説が有力視されているが、吉備の矢藤治山《やとうじやま》古墳も同時期の最古級とされ、楯築遺跡をつくった勢力が大和へ進出して古墳をつくったという説も支持者が多い。ちなみに、楯築は墳丘上の楯のような巨石に由来し、巨石の並んだ景観が、ここに首長が埋葬される前から巨石信仰による独自の祭祀が行なわれていた根拠にされている。その祭祀はほかにも「神の目」と関わっていた気配が濃いのだ。

かつては墳丘上に楯築神社が鎮座し、そこに亀石《かめいし》と呼ばれる御神体が収められていた。大正時代に入り、同じ倉敷市矢部にある鯉喰《こいくい》神社に神社が合祀されたが、のちに再興され、御神体の亀石は、新たに巨石を加工した祠に戻され、楯築様《たてつきさま》と呼ばれていたという。

この「神の目」に通じる名の亀石に、弧帯文《こたいもん》や旋帯文《せんたいもん》と名づけられた複雑な幾何学文様がほどこされていた。やがて、この文様に似た図柄が大和の纒向《まきむく》遺跡の出土物からも見つかり、大いに注目を集めた。ほかに、吉備から大和へ流入したと見られる特《とく》殊器台《しゆきだい》＊・特殊壺《とくしゆつぼ》と呼ばれる円筒埴輪《えんとうはにわ》の原形らしい祭祀用土器が楯築から出ている。

吉備から大和への文化の流れは、次章でも引き続き検証していくが、楯築遺跡の亀石の最大の特徴は〈人面〉が刻まれている点にある。

倉敷市の教育委員会は、旋帯文石《せんたいもんせき》（亀石）について、次のように説明する。

《楯築神社の御神体であるこの石は、その形や表面に彫られた文様から亀石とも呼ばれています。その大きさは縦横約九〇センチです。

石の表面には全面に特殊な帯状曲線入組文様（旋帯文）が飾られ、正面には人間の顔のような彫り込みがみられます。遺物の呪術的性格を物語るこの特異な文様は、弥生時代から古墳時代への移行期に首長の墓に供えられた特殊器台にみられるものと類似しています。

＊　特殊器台・特殊壺＝二〜三世紀頃に吉備で生まれた筒形・壺形の大型土器。「共飲共食」と呼ばれる葬送儀礼に使われ、この土器から初期の円筒埴輪が発生したと考えられている。橿原考古学研究所の分析で、箸墓の後円部から出土した特殊器台・特殊壺は岡山県の砂が用いられ、吉備から大和へ完成品が持ち込まれた可能性が高いという。

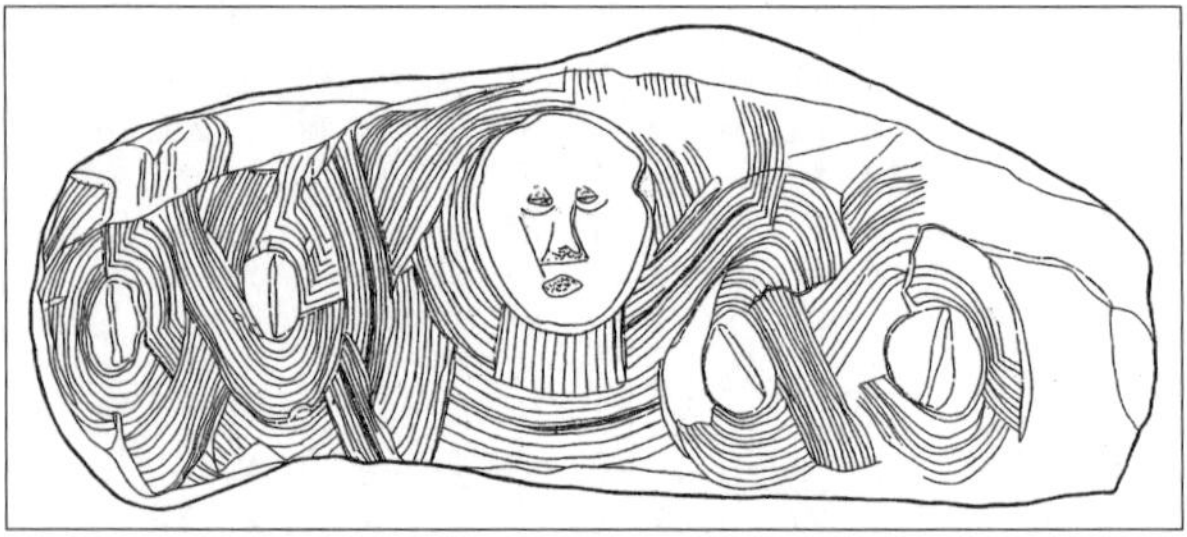

「神の目」と見られる亀石の人面（春成秀爾「変幻する龍」より）

また境内にある楯築遺跡の発掘調査では、この石と酷似する小型の石製品が弥生土器等と一緒に出土しています。弥生時代から古墳時代にかけての大きな時代の変化を知るうえで貴重な学術価値の高い資料です≫

楯築遺跡の神社に保存されてきた亀石は、旋帯文《せんたいもん》石《せき》・弧帯文石《こたいもんせき》・弧帯石《こたいせき》などと呼ばれてきた。旋帯・弧帯は帯状の文様の表現である。地元で伝えられてきた亀石には文様の表現がなく、「形が亀に似ている」だけの石と思われやすいせいか、この呼び名はあまり使われなくなったようである。

ところが、ここまで見たように、亀は「神の目」に由来する可能性が高い。だから、由来は忘れられたかもしれないが、亀石は「目をもった人面」の刻まれた珍しい石だったおかげで、本来の呼び名が残されたと考えることもできる。

佐太神社の背後の神目山《かんのめやま》は「神の目」で周囲を監視していた。「見張られる側」は出雲で、吉備は「見張る側」だった。亀石が「神の目」の石だとすると、「にらみ」の放射を人面や帯状の文様で表現したのではないだろうか。

楯築墳丘墓に葬られているのは誰か？

楯築遺跡の呼び名は楯築神社に由来し、社名は備中一宮である吉備津《きびつ》神社に伝わる温《う》羅《ら》伝説にちなむという。温羅は鬼の名前で、かつて吉備を支配していたが、ヤマト政権から派遣された吉備津彦《きびつひこ》に退治されたと伝えられている。吉備津彦は鬼《き》ノ城《じょう》を攻撃するため、楯築遺跡に石の楯《たて》を築き、それが今に残る巨石だという。

『記・紀』が箸墓《はしはか》の被葬者であると記すヤマトトトヒモモソヒメを姉にもつ吉備津彦は、崇神《すじん》天皇の時代、吉備津彦の兄の孝元《こうげん》天皇の子にあたる大彦《おおひこ》らとともに、各地へ派遣された四道《しどう》将軍に名を連ねている。これは四方に派遣された将軍の意味である。

そして、温羅伝説をもとにお伽噺の『桃太郎』が生まれた。ここで桃太郎の話に深入りはできないが、出雲神話には、イザナキが桃の実を魔除けに用いて黄泉国から逃げ帰った場面が登場する。桃も「神の目」に似た魔除けの観念を秘めている。温羅伝説の鬼は百済《くだら》の王子とも伝えられ、楯築遺跡から足守川《あしもりがわ》を遡った山上に鬼ノ城を築いたという。そこは「総社市久米」の北にあたる。

もっとも、鬼ノ城は七世紀の後半、白村江《はくすきのえ》の戦いで唐《とう》・新羅《しらぎ》連合軍に大敗後に築かれた城柵であると判明している。その縁で、百済の王子の話になったと考えることができる。吉備津彦をモデルとするお伽噺の主人公が桃太郎と名づけられたのは、桃が吉備の特産品だったことによるらしい。楯築遺跡に近い上東《じょうとう》遺跡では「船着場の遺構」が発見され、九六〇〇個もの桃のタネが出土している。

また、大和の纒向《まきむく》遺跡（奈良県桜井市）でも、大型建物跡から二八〇〇個の桃のタネが見つかり、放射性炭素（C14）測定で二世紀半ば～三世紀前半のものと判明している。これらのタネは動物にかじられた痕跡がなく、祭祀用だったことが明らかになった。このように、大量の桃を祭祀に使った時代が楯築遺跡の築造時期と重なるのも、魔除けの思想が吉備と大和にまたがっていた事実を示している。

桃太郎の鬼退治は創作の色合いが濃いが、楯築遺跡と纒向遺跡は桃のタネで結びつき、纒向の古墳が吉備の影響を受けていることも否定できない。楯築遺跡の被葬者と纒向古墳群の被葬者は、系譜的なつながりをもっていてもおかしくなさそうである。『記・紀』の系譜では、纒向に葬られた崇神天皇は吉備津彦の兄・孝元《こうげん》天皇の孫にあたる。崇神天皇の和風の名であるミマキイリヒコに、美作と同じ「ミマ」が含まれていることも気になる。こうした吉備と大和の結びつきは、大和の明日香村に楯築遺跡と同名の亀石が存在していることにも当てはまるだろう。

なお、これまで考古学の分野では、次のような「吉備と大和の文化的な類似性」が指摘されている。

▼吉備（宮山遺跡）の特殊器台――纒向（箸墓古墳《はしはか》）の特殊器台
▼吉備（楯築遺跡）の弧帯文石《こたいもんせき》――纒向（石塚古墳）の弧文円板《こもんえんばん》
▼吉備（楯築遺跡）の木棺の朱《しゅ》（辰砂《しんしゃ》）――桜井（茶臼山古墳）の石室の朱（辰砂）
▼吉備（楯築遺跡）の「亀石」――飛鳥（明日香村）の「亀石」
▼吉備（上東遺跡）の桃のタネ――纒向（大型建物跡）の桃のタネ

纒向遺跡には東海や山陰の土器も大量に流入していると指摘された。多様な流れの中で、山陰地方から纒向への流入には、出雲へ進出した吉備の勢力が、引き続き大和へ進出していった影響もあるのではないだろうか。「弥生時代最大の墳墓」をもつ〈吉備の大首長〉の後継勢力は、さらに領土を拡大する実力をもっていたにちがいない。ここでは結論を急がず、以後の章で、多様な角度から検討していくことにしよう。

弧帯文・直弧文は何を表現しているのか？

弧帯文石《こたいもんせき》・旋帯文石《せんたいもんせき》などと呼ばれる楯築に伝わった亀石《かめいし》の文様は、「毛糸の束をねじったような」とも表現される。S字状の束になった線の文様は、「黥面の線刻」に似たところもあるが、何を描いているのかは定かではない。

亀石には人面が刻まれ、そのために本来の呼び名が現在まで残された可能性を先に述べた。「線の束」のある亀石の文様と「黥面の線刻」が、もしも同じ観念の表現だったとすると、それは古代人が思い描いた「神の目の視線」かもしれない。

なお、楯築で御神体にされていた亀石と形は同じで小型のものが、大小数百片に破砕された状態で墳丘墓から見つかっている。人面がない点をのぞけば、文様は近いといわれるが、いくぶん簡略化されていて、体積は九分の一ほどになるという。

福本明氏の『吉備の弥生大首長墓・楯築弥生墳丘墓』（新泉社、二〇〇七年）には次のように解説されている。

《ふたつの弧帯文石のもっとも異なる点は、御神体の弧帯文石にのみ人の顔が描かれていることである。顔の表現は、石の角の側面に顔面だけが楕円形に浮き彫りにされているものである。表面が荒れてみにくいが、よくみると目と口、鼻らしきものが細い線で描かれていることがわかる。

この弧帯文石に刻まれている顔だけを出し、体全体を帯で幾重にも巻かれている姿にみえる人物が、はたして楯築弥生墳丘墓に葬られた首長自身であるのか、あるいは祖霊や怨霊を封じ込めた表現であるのか、たいへん興味深いところで、それによって弧帯文石を用いた祭祀そのもののもつ意味合いも異なってくるであろう》

弧帯文石（亀石）に描かれている顔は、〈吉備の大首長〉の顔の表現か、あるいは祖霊や怨霊を封じ込めた表現かもしれないという。いずれにしても、人面は「にらみ」を表わしているように見える。「線の束」は「神の目の視線」ではなかったとしても、入れ墨と共通する魔除けの表現だったのではないだろうか。

弧帯文や旋帯文と呼ばれる系列の幾何学文様は、その後、様々に変化し、曲線に直線を組み合わせた直弧文《ちょっこもん》や弧文円板《こもんえんばん》と呼ばれる新たな意匠を生み出した。六世紀に築造された九州の装飾古墳の幾何学文様にも、直弧文の影響があると指摘されている。

「神の目」は葬った青銅器を見張った

弥生時代の吉備は膨張を重ねて大国に発展し、出雲も現在より東西に大きく広がっていたようだ。サルタヒコを祀る佐太神社が神目山《かんのめやま》に監視され、亀甲紋で封じ込まれる以前から、吉備と出雲は、互いに呪力によるにらみ合いを行なっていたらしい。

ただ、山陽と山陰の戦いは中国地方という地域の内部の話でもある。戦国時代に例えると「毛利と尼子の戦い」に相当し、その後の「関ヶ原の戦い」に相当する決戦が中国地方とは別の場所で行なわれたと想像することができる。後者の大がかりな対決の様子を探るには、範囲を広げて銅鐸の出土した状況を調べる必要があるだろう。

さて、出雲の島根県雲南市には邪視文銅鐸《じゃしもんどうたく》を含む三九個の銅鐸が出土した加茂岩倉遺跡がある。そこから北西に三・五キロ離れた出雲市の神庭《かんば》荒神谷《こうじんだに》遺跡からは、銅剣三五八本・銅矛一六本のほかに、銅鐸六個が出土している。

神庭荒神谷のように、異なる青銅器が出た遺跡として知られるのが、破片を含めて二個の銅鐸と六本の銅剣が一緒に出た松江市鹿島町の志谷奥《しだにおく》遺跡である。その志谷奥遺跡は神目山の北麓といってよい位置にある。

二〇一八年、島根県古代文化センターは、四〇年も前に出土した青銅器の破片四点が、志谷奥遺跡から同時期に出土した二個の銅鐸とは別の銅鐸の破片の可能性が高いと発表した。同センターは《複数の銅鐸が同じ遺跡に納められる例は珍しく、銅鐸が出土した全国三五八遺跡のうち、三つ以上の銅鐸が出土したのは、志谷奥遺跡を含めて一八例しかない》とも解説した。

銅鐸の出土には、埋納された状況で発見されることに加え、もう一つ重要な特徴がある。それは、埋納時期が大きく分けて、弥生時代中期後半の「紀元前後」と後期後半の「二世紀頃」に二分されることである。

中国・四国で出土する銅鐸の多くは前者の「紀元前後」で、近畿から東海の地域で出土する大型化した近畿式銅鐸や三遠式銅鐸は後者の「二世紀頃」のものだ。早くに埋納された銅鐸は「中国・四国の戦い」に関わり、近畿から東海にかけて二世紀頃に埋納された銅鐸は「倭国大乱」と関わっていたようだ。

このことから、〈吉備の大首長〉の勢力は「紀元前後」に中国・四国地方の攻略を始め、「二世紀頃」に、本州の広い範囲に勢力を拡大したのではないかと推測される。ちなみに、関ヶ原に接する近江には日本一大きな銅鐸が出土した野洲《やす》市の大岩山《おおいわやま》遺跡*がある。

出雲の銅鐸の埋納は「紀元前後」に該当する。そして、志谷奥遺跡は『出雲国風土記』が《佐太の大神の社（佐太神社）は、すなわちこの山（神名火山）の麓にある》と記すように、神目山《かんのめやま》と神名火山《かんなびやま》の北麓に位置する。神目山と神名火山はサルタヒコと銅鐸遺跡の両方を見張っていたと考えられる。

とすると、「神の目」の観念は紀元前後の中国地方で生まれていた可能性が高まる。国津神の銅鐸と天津神の「神の目」の戦いは、それから二世紀頃まで、百年以上も続いたことになる。弥生後期に中国地方で青銅器が消滅するのも、この一連の流れに位置づけられそうである。

＊　大岩山《おおいわやま》遺跡＝一ヶ所から出た銅鐸の数としては、島根県の加茂岩倉遺跡の三九個に次いで多い二四個が出土した。明治一四年、大岩山の凹んだ地から、「入れ子」にされた三組六個を含む計一四個の銅鐸が発見されたと伝えられ、その後の発見を加え、合計二四個出土している。最大の近畿型銅鐸は高さ一三四センチ、重さ四五キログラムに達する。近くに三世紀の冨波《とば》古墳群がある。

国津神が敗北した場所では銅鐸祭祀が消滅した。大岩山遺跡に日本一の銅鐸が埋められるとともに、日本列島では弥生時代が終わりを告げる。つまり、日本一の銅鐸は〈最後の銅鐸〉でもあったのだ。二世紀頃に銅鐸が埋納された大岩山遺跡の近くに、三世紀になると冨波《とば》古墳群がつくられるのは、統治者の交代を意味するだろう。

以上から、銅鐸が埋納された状態で発見されるのは、新たな支配者が銅鐸を葬ったからだと結論してよさそうである。また、「入れ子」にした銅鐸は、出雲と近江の両方の遺跡に見られる。百年以上の時間差で同じ方法が踏襲され、偶然そうなったのではないことがわかる。「入れ子」は、「にらみ」の呪力に〈目隠し〉する意味があったのではないかとわたしは考えている。

百年以上に及んだ国津神と天津神の戦いで、銅鐸は土中に葬られ、銅鐸祭祀は終焉した。そして、「神の目」で魔除けの対象にされた。「神の目」の観念が「亀甲・神目・久米」などの地名や楯築遺跡の亀石がある吉備で発祥したのは疑いなく、吉備の勢力が日本列島各地へ進出した結果、全国に広がっていったと推測される。

この先、見目《みるめ》や百目鬼（どうめき・どめき）なども追っていくが、それらの地域では鏡をのぞく青銅製祭器が葬られていった気配が見える。コツコツと地名を拾い上げると、吉備の天津神が近畿・東海から伊豆半島を経て房総半島まで、銅鐸を執念深く追跡していった足跡をたどることができる。

なかでも画期をなしたのが、二世紀頃に大和進出を果たしたことらしい。その後、さらに東日本へ向かい、三世紀頃には関東に達したようである。

ところが、出雲の遺跡ではまるで大がかりな〈葬儀〉を執り行なうように銅鐸を盛大に埋めていたのに、大和では銅鐸を溶かし、あらためて銅鏡に再利用していたことが、桜井市の脇本遺跡や大福遺跡の発掘調査からわかっている。おそらく百年も経過するあいだに、青銅製祭器の処分に対する考え方が変化したのだろう。

「神の目」に敗れた「サルタヒコの目」

銅鐸を「入れ子」で埋納したことから想像できるように、吉備の天津神勢力は近畿へ進出する際に、出雲征服のやり方を前例として踏襲したようである。それは出雲進出が「成功例」として記憶されたせいかもしれない。

たとえば、神庭荒神谷遺跡では桁違いの量の青銅製祭器が出土している。これは強制的に集めて処分する〈青銅器狩り〉がうまく運んだと見ることができる。それが記憶され、その後も同じやり方が踏襲されたともいえそうだ。

もっとも、吉備が周辺へ領土を拡大していった際、出雲進出が最も早かったかどうかは、じつは確定的とはいえない。後述するように、「紀元前後」の銅鐸の埋納では出雲より淡路島のほうが先だったふしもある。

しかし、たとえそうだったとしても、『記・紀』の神話が出雲を主要な舞台にしているので、出雲進出が成功した事例として記憶されたのは間違いないようだ。

次章で探るカンナビという山名も、吉備の進出の順序から、まず出雲の山に名づけられ、その後、大和の三輪山《みわやま》（三諸山《みもろやま》）などに受け継がれたようである。また、神目山《かんのめやま》に佐太神社のサルタヒコを見張らせたやり方も、「神目」の分布から、中国地方で編み出された気配が濃い。主導的な役割を果たしたのは、アメノホヒの子孫と称した出雲国造家*かもしれない。

出雲の神社で、佐太神社は出雲大社に次ぐ格式をもった。宮司は出雲大社と同じくアマテラスの次男・アメノホヒの子孫を名乗る出雲国造家がつとめてきた。

佐太神社は垂仁天皇時代に正殿ができたと伝えられ、かつては出雲大社と出雲国の領地（神領）を二分し、二〇〇人の神職を数える規模を誇っていたという。

しかし、それほどの規模を誇った格式ある神社だったにもかかわらず、佐太神社はここに佐太大神の名で祀られている祭神がどういう神なのかを長年にわたって外部に公表してこなかった。

現在は主祭神の佐太御子大神《さだみこおおかみ》をサルタヒコ（猿田彦大神）と同神であると認めているが、かつては秘密にしていたのである。その理由は、神目山に見張られていた神の正体を煙に巻きたかったからだと考えるしかなさそうだ。

また、神社の格式の高さも、必ずしも祭神が大切にされていたことを意味するわけではない。『記・紀』のサルタヒコも、国境を守るサエの神であることの説明はあるものの、どういう神なのか、実態はわけのわからない描き方がなされている。『記・紀』の神話では、ニニギの一行がヤチマタに差しかかると、突如として姿を現わす。そして、「天のヤチマタにいて、上は高天原を照らし、下は葦原中国《あしはらのなかつくに》を照らす神、ここにあり」と名乗り出る。

『日本書紀』によれば、「鼻の長さは七咫《ななあた》〔約一メートル二六センチ〕、背の高さは七尺あまり〔約二メートル一〇センチ〕、眼は八咫鏡《やたのかがみ》〔直径約四六センチ〕のごとく、照り輝ける色はホオズキに似る」というぐあいだ。

大きな目をもつサルタヒコは、アマテラスが天《あめ》の岩屋《いわや》に閉じこもったとき、踊りで場を盛り上げてアマテラスを岩屋から引き出した立役者・アメノウズメとのにらみ合いで敗北する。女陰を露わにしたアメノウズメに、サルタヒコの目がくらんだような描き方がされるが、ウズメ（『古事記』は宇受売《うずめ》、『日本書紀』は鈿女《うずめ》）には〈渦目《うずめ》〉と表現できそうな「にらみ」を表わしていた気配も感じられる。もしかするとウズメは「神の目」で、本来はメに女の意味はなかったのかもしれない。

＊ 出雲国造家＝出雲臣《いずものおみ》氏という有力豪族のなかで、出雲大社の祭祀を司り、国造の地位を世襲した家柄。『出雲国風土記』の奥書に「出雲臣広島《いずものおみひろしま》」の名が見える。

サルタヒコはにらみ合いで敗北し、ニニギの案内役に転落する。サルタヒコの描写には、「邪視文銅鐸の目」を重ねているふしもある。邪視《じゃし》と辟邪《へきじゃ》の戦いで、『記・紀』は銅鐸に見立てたサルタヒコを「ウズメ＝神の目」との勝負に負けたと主張しているようにも解釈することができるのだ。

神戸の六甲山も「亀の甲羅」だった

『記・紀』の神武東征では、一行が潮の流れに難儀しているところに、亀の甲羅に乗った国津神の椎根津彦《しいねつひこ》が現われ、サルタヒコと同じように案内をする。『記・紀』が亀を特別な生き物に描くのは、亀が「神の目」の観念を背負っているからだと想像できるが、話はそこからさらに広がりを見せる。

『日本書紀』では佐賀関《さがのせき》に近い豊予《ほうよ》海峡の近辺で椎根津彦《しいねつひこ》が姿を現わし、『古事記』では吉備の児島《こじま》湾を過ぎた明石《あかし》海峡付近で亀の甲羅に乗る槁根津日子《さおねつひこ》が姿を現わす。どちらも最初は珍彦《うずひこ》の名で登場する。

サルタヒコは「天孫降臨」の場面で天孫ニニギを道案内し、ウズヒコは「神武東征」の場面で神武天皇を道案内した。サルタヒコもウズヒコも、サエの神として外部からの侵入者を食い止める役割を担っていたと考えられるが、ニニギと神武天皇に対しては、国津神が自ら進んで協力した「おめでたい物語」に仕立てている。

珍彦《うずひこ》（槁根津日子・椎根津彦）は神武天皇の水先案内を行なった功績で倭《やまと》国造に任じられたとされ、氏族の由来を記した平安時代の『新撰姓氏録』には、大和国に地祇《ちぎ》（国津神）として大和宿禰《やまとのすくね》が載っている。

椎根津彦（珍彦）は、六甲山《ろっこうさん》の山麓にあたる保久良《ほくら》神社（神戸市東灘区本山町）にスサノオや大国主と一緒に祀られ、その近くから青銅製の戈《ほこ》である銅戈《どうか》が出土した。

そして、六甲山麓にある東灘区は、銅鐸遺跡の密集地でもある。となると、銅鐸遺跡の背後の山が「六甲山《ろっこうさん》」と命名されていることは、大いに注目しなければならないだろう。なぜなら、六甲は「六角の亀甲」の意味を秘めていると見られ、さらに、それを裏づけるように山麓の芦屋神社は亀甲紋を採用している。同じ観念をもった山名と神紋の重なりが偶然ということはあり得ず、六甲山は「にらみ」と「見張り」の山だったことは疑いない。また、六甲山系には空海が彫ったと伝える石造の亀もある。

▼神の目の山↑↓六角の亀甲の山↑↓六甲山《ろっこうさん》

六甲山には、出雲国造家の祖である天穂日命が天降ったと伝えられる磐座《いわくら》も存在する。現地の案内板には、次のように解説されている。

《天穂日命《あめのほひのみこと》の古代祭場《ひもろぎ》

この、優しくも気高い巨石は、遙かなる大昔、六甲山に天降《あも》りされた天《あめ》のホヒの命（天孫《てんそん》ニニギの命の叔父）をお祭りした磐座《いわくら》で、神籬《ひもろぎ》と呼ばれています。

ヒモロギとは、木材を使って神社を建築しなかった大昔に、巨大な石をもって築いた古代祭場のことで、外国ではメンヒルと呼ばれています。ヒモロギの周辺には、磐《いわ》境《さか》と呼ばれる巨石が垣根のように敷かれ、中にはストーン・サークルや亀や蛙など、神社に仕えた動物を形どったものもあります。英国のストーン・ヘンジやフランスのカルナック列石などは有名です。

『古事記』によりますと、天の穂日《ほひ》命は天照《あまてらす》大御神《おおみかみ》の第二皇子で、他の兄弟神とともにニニギの命に先立って地上に下られ、地の神である大国主命と力を合わせて、人類誕生のための準備をされた神です。ホは心の穂、ヒは生命の意味で、地上の平和をねがう天照大御神の心の穂を咲かせて、人間の生命の穂を咲かせる神という意味です。

現在では、学問の神として崇《あが》められ、全国の天神《てんじん》さまや天満宮《てんまんぐう》に祀られていますが、その元宮がこのヒモロギなのです。

古代人の偉業を讃えるとともに、古代人に習って天地の恵みに感謝し、地球の安全と平和を祈願しましょう。また、この周辺にある石はどれも皆、祭場の一部として遠くから運ばれてきたものです。そのようなものとして大切にいたしましょう。

六甲山・甲山周辺の古代遺跡保存会》

神戸に「神の目の山」と同じ役割の山があるなら、ここも出雲と同じく吉備に征服されたと見なすのが自然だ。神戸は東半分が摂津《せっつ》国、西半分が播磨《はりま》国に属す。その地が「神の目」で見張られていたなら、国名のハリマのマは、やはり目を意味していた可能性が高まる。

明石《あかし》海峡付近で「亀の甲羅」に乗った槁根《さおね》津《つ》日子《ひこ》が神武天皇を案内するのも、「六甲山・亀甲紋」と一体の話だったにちがいない。

こうして、六甲山の正体がわかると、吉備の東の国境が明石海峡や垂水《たるみ》区の周辺だった時代が存在したことや、二〇一五年四月、明石海峡大橋で神戸市垂水区と結ばれている淡路島で「入れ子」にされた三組を含む七個の銅鐸が出た背景も想像できるようになる。

淡路島の銅鐸は、南あわじ市にあるセメント会社の砂置場で発見され、銅鐸の出土数では、加茂岩倉遺跡の三九個、大岩山遺跡の二四個、神戸市桜ケ丘遺跡の一四個に次いで、日本で四番目に多い場所になった。新聞は世紀の大発見として大々的に報じたが、紀元前の銅鐸が含まれていることがとくに強調された。

そのとき話題になったのは、「国譲り」の神話で知られる出雲と、『記・紀』の国生み神話で最初に誕生したとされる淡路島の〈深い関係〉である。

「国生み神話」の順番にも意味がある

神話の「あらすじ」で紹介したように、イザナキとイザナミの神は、オノゴロ島に柱を立て、大八島国《おおやしまのくに》と呼ぶ淡路《あわじ》・四国・隠岐《おき》・九州・壱岐《いき》・対馬《つしま》・佐渡《さど》・本州の島を生む。

「なぜ淡路島が最初に生まれたのか?」と疑問に思う人も少なくないはずだ。「神話に描かれた大八島国の誕生の順番など、考えるだけ時間の無駄」と思われるかもしれないが、ここには意外に深い意味がありそうなのだ。

謎を解く手がかりは、紀元前二百年頃という古い形式の銅鐸が「入れ子」にされて埋納されていた事実だろう。つまり、ここで銅鐸をめぐる攻防があり、吉備の勢力が紀元前に西方から淡路島に進出した状況を示唆する。そして吉備の勢力は最初に自国に組み込んだ大きな島である淡路島を「日本列島で初めてできた島」にした可能性がありそうなのである。

すると、吉備にとって成功体験の地は、必ずしも出雲に限らないことになる。さらに、淡路島から近い六甲山周辺を含め、吉備の近畿攻略は紀元前から開始されていた可能性も浮かび上がってくる。

二〇一五年に発見された淡路島の七個の銅鐸は、松帆《まつほ》から運ばれたことにちなんで松帆銅鐸と呼ばれるようになった。考古学者は松帆銅鐸の埋納を「日本最古」となる紀元前と推定している。

淡路島には、弥生時代後期の五斗長垣内遺跡《ごっさかいと》（兵庫県淡路市黒谷）があり、ここは国内最大級の鍛冶工房《かじこうぼう》村の跡地と見られている。遺跡には住居が少なく、鉄器を製造していた工場といってよい遺跡で、高地性集落*の上にあるという。

その北東六キロには、やはり鉄器を製造していた舟木遺跡が見つかっている。これらのことから、早い時期に淡路に拠点を構えた吉備の天津神が、大阪湾経由で近畿上陸の野望を秘めて築いた軍事的な製鉄遺跡ではないかとわたしは考えている。舟木は造船に関わる地名と考えられ、石上《いわがみ》神社には巨石が存在する。

松帆は五斗長垣内遺跡の東およそ七キロの淡路島東岸にあり、そこに松帆神社がある。ここを訪れると、驚く人が多いのではないだろうか。というのも、神社の境内では狛犬《こまいぬ》の代わりに龍のような頭をもつ二匹の亀が「にらみ」をきかせているからだ。狛犬は唐獅子《からじし》に似たタイプが多いが、朝鮮半島にあった高句麗《こうくり》が日本では高麗《こま》（狛）と呼ばれていたので、朝鮮半島起源ともいわれる。しかし、松帆神社では亀が狛犬の役割を果たしている。「神の目」がクメ（久米）に変じたように、「神の目」をもった

＊　高地性集落＝弥生時代に高地につくられた集落で、空濠《からぼり》や土塁《どるい》をめぐらしていることから、軍事的な意味があったと考えられている。大阪湾や瀬戸内海東部沿岸に多く築かれ、二世紀後半の「倭国大乱」に関連しているという説が有力だ。

犬がコマ（狛）犬に変じた可能性があるかもしれない。

なお、松帆神社は兵庫県淡路市久留麻《くるま》に鎮座していて、久留米《くるめ》や久米（来目）の同類の地名とも考えられる。淡路市の久留麻の西方には香川県の小豆島《しょうどしま》があり、小豆島の北部に小豆郡土庄《とのしょう》町見目《みめ》という地名がある。見目から北へ進むと吉井《よしい》川の河口に至り、そこが珍彦《うずひこ》の祀られている亀石《かめいわ》神社の地である。

亀石神社の御神体は大亀の化身とされる亀岩《かめいわ》で、珍彦が甲羅の上に乗った亀に見立てられている。「亀のつく地名」や神社の多くが国津神と天津神の「にらみ合い」の痕跡だとわたしは考えているが、神の目が「亀」と表記されると、「にらみ」を内に秘めた本来の「神の目」を思い浮かべるのは困難になる。

次章では、カンノメと同じく神の観念を背負っているカンナビ（神奈備）の様子を探ってみよう。

第二章　カンナビ！（神奈備）——出雲を征服した吉備が大和へ進出した

呪術的な意味を秘めた「にらみの地名」を追っていくと、しばしば考古学の遺跡に遭遇する。これは地名に神話と史実の接点を見つけ出す力があることを示しているようである。

たとえば、一章で紹介した広島市安佐北区の真《ま》亀山《がめやま》神社の南東五キロ、神目《かんなめ》神社から南西八キロの福田という場所に木《き》ノ宗山《むねやま》がある。ハイキングに適しているという標高四一三メートルの山で、戦国時代に築かれた山城の跡が残る。この山の中腹の巨石のある場所から、明治時代に銅鐸が発見された。

真亀山神社や神目神社は「神の目」に由来する。カンナビは「目」ではなく「神のつく地名」だが、出雲には神目山《かんのめやま》の背後にカンナビ山があった。カンナビの由来には諸説あるものの、銅鐸の出土地とも関わりをもっているようだ。周辺の状況から、カンナビとは何なのかを追う。

この章に登場する項目

〔地名〕木ノ宗山《きのむねやま》・神名備《かんなび》・神名火山《かんなび》・神名樋山《かんなび》・神南備山《かんなび》・忌部山《いんべ》
〔神社〕出雲大社《いずも》・佐為神社《さい》・大神神社《おおみわ》・高鴨神社《たかがも》・飛鳥坐神社《あすかにます》・甘南備神社
〔考古学〕銅鐸《どうたく》・銅剣《どうけん》・銅戈《どうか》・志谷奥遺跡《しだにおく》・柳沢遺跡

〈天孫降臨〉のあらすじ

アマテラスが地上へ送り込んだ武神のタケミカヅチは、大国主に国譲りを同意させた。その頃、アマテラスの子のアメノオシホミミに長男のニニギ（母はタカミムスヒの娘）が生まれた。アマテラスは、平定を終えた葦原中国《あしはらのなかつくに》に、孫を降臨させようと決める。

ニニギは天孫と呼ばれ、天上から地上へ降り立つことは降臨と表現される。アマテラスはニニギに葦原中国の統治を命じて「八尺瓊勾玉《やさかにのまがたま》、八咫鏡《やたのかがみ》、草薙剣《くさなぎ》」をさずけ、葦原中国では八咫鏡をアマテラスと見なして祀るように申し伝えた。

大伴氏の祖のアメノオシヒ、久米氏の祖のアマツクメが武装してニニギの一行を先導し、ニニギは、五伴緒《いつとものお》と呼ばれる中臣《なかとみ》氏の祖のアメノコヤネ・忌部《いんべ》氏の祖のフトダマ・猿女《さるめ》氏の祖のアメノウズメ・鏡作《かがみつくり》氏の祖のイシコリドメ・玉祖《たまのや》氏の祖のタマノオヤを伴って、地上へ向かう。すると天上と地上の境界にあるヤチマタで光を発する神が顔を現わした。アメノウズメが問うと、神はサルタヒコと名乗った。しばしの「にらみ合い」があって、サルタヒコはニニギの一行を先導して筑紫の日向の高千穂のクジフルタケへ案内した。

ニニギは、「この地は韓国《からくに》に向かい、笠沙《かささ》の岬まで真の道が通じ、朝日のよく射《さ》す国、夕日のよく照《て》る国で、とても良い土地である」と喜び、日向に宮殿を建てて住んだ。

立石の下から出てきた銅鐸・銅剣・銅戈

明治二四年、広島県の木《き》ノ宗山《むねやま》の中腹で、銅鐸一個・銅剣一本・銅戈《どうか》一本が発見された。高さ一九センチの銅鐸は「目のにらみ」が描かれた「邪視文銅鐸《じゃしもんどうたく》」である。

銅剣は青銅製の剣で、日本には弥生時代に短剣が入り、当初は武器としても使われたが、その後、実用性のない祭器に変わった。青銅製の戈《ほこ》である銅戈も同様で、中国の殷《いん》の時代に生まれ、日本にもたらされたが、やがて刃を欠いた祭器になる。

これらの青銅製祭器は、標高二〇〇メートルの中腹にある立石の下から出てきたと伝えられる。広島市教育委員会は次のように説明している。

《標高四一三メートルの木の宗山の中腹にある烏帽子岩の下あたりから、銅鐸、銅剣、銅戈が出土しています。

これらは、福田の光町尽三郎氏が夢のお告げによって、明治二四年（一八九一）に

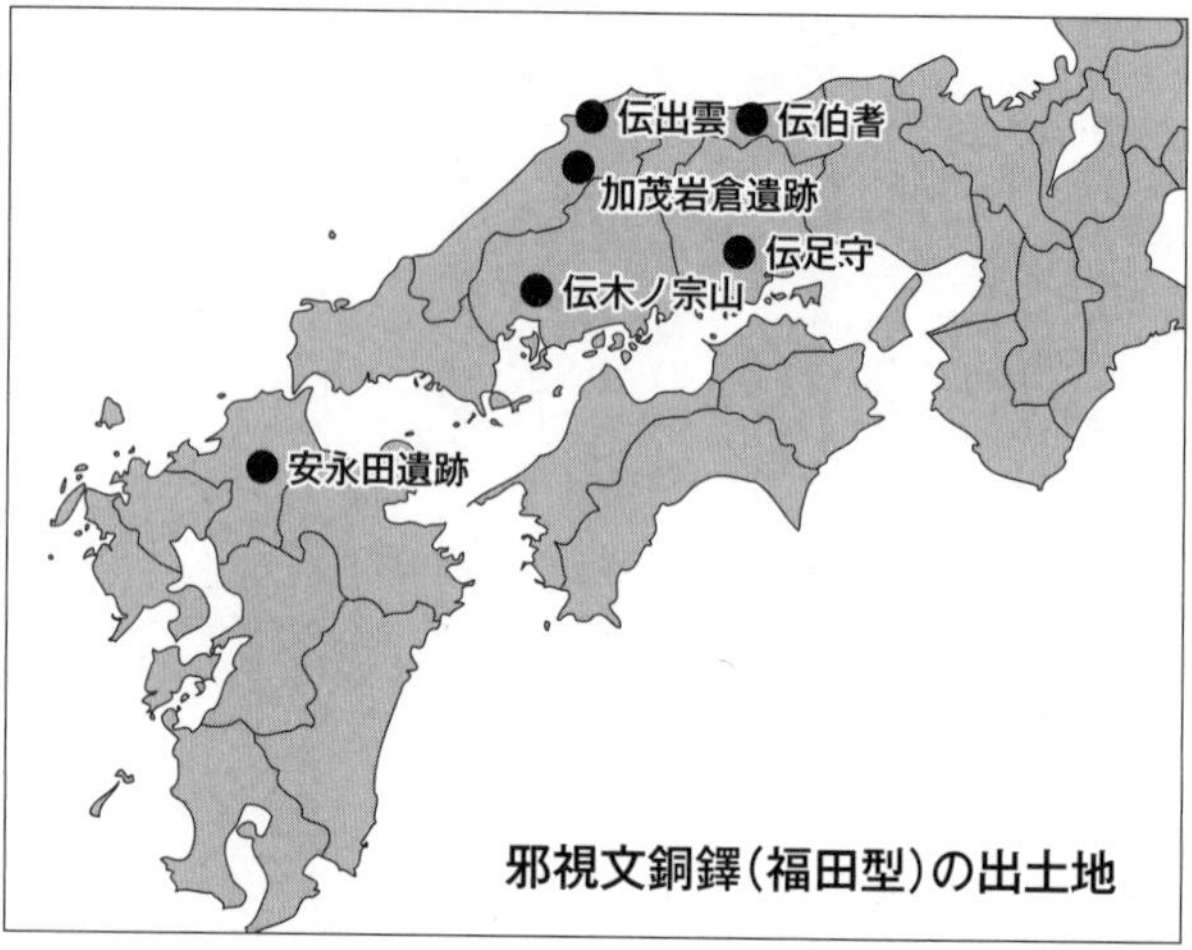

邪視文銅鐸（福田型）の出土地

発見したと伝えられています。烏帽子岩の近くに、比較的扁平で人為的に工作した跡のある花崗岩があり、その下に木炭がつまっていたそうです。そこから銅鐸、そして二五センチほど離れたところから銅剣、銅戈が出土したと言われています。このとき浅い丸底の土器も出土したそうですが、これは残されていません。

　木の宗山と同じように、弥生時代の青銅器は多くの場合、意識的に集落から離れた丘陵斜面や山陰に埋められた状態で発見されています。しかしその場所を石で囲ったり、石をかぶせたりして目印にすることはほとんどなかったらしく、このように立石の下から発見されるのは珍しい例です》

　出土した状況は伝聞で〈夢のお告げ〉

という怪しい話も入り混じっている。が、異なる三種の青銅器が出土した遺跡であることは確かだ。出雲の志谷奥《しだにおく》遺跡は神目山《かんのめやま》の近くに位置していた。銅鐸と他の青銅製祭器が一緒に埋納されていた遺跡は、青銅器の祭祀に敵意を抱いていた吉備の天津神が、祭器を強制的に処分して葬り去った場所であることを示唆する。

木ノ宗山は気楽に登れる山といわれる。戦国武将の吉川興経《きつかわおきつね》（一五〇八〜一五五〇）が山城を築いたと伝えられ、標高四一三メートルの木ノ宗山の三〇キロ北には、毛利輝元が広島城に移るまで「吉田郡山城」を置いた標高三八九メートルの郡山がある。山城に適した山が銅鐸の埋納地に選ばれたのは、眺望のよさなど山城と共通する条件が求められたためらしいが、「見る」という行為に関わりがあると想像される。

ここから出てきた「目の描かれた邪視文銅鐸」は、木ノ宗山にある地名にちなみ福田《ふくだ》型《がた》と名づけられた。つまり、これは初めて出た邪視文銅鐸だったわけである。その後、同じ邪視文をもつ福田型銅鐸が、出雲の加茂岩倉遺跡でも発見された。

出土地を正確に確認できる福田型銅鐸は加茂岩倉遺跡の銅鐸だけだが、木ノ宗山の遺物を含め、次の五つが知られる。そのほか、加茂岩倉の銅鐸の鋳型が九州の安永田遺跡から見つかっている。

▼加茂岩倉遺跡（島根県雲南市）　福田型銅鐸

▼伝出雲出土福田型銅鐸
▼伝伯耆出土福田型銅鐸
▼伝足守出土福田型銅鐸
▼伝木ノ宗山出土福田型銅鐸（広島県広島市）
▼安永田遺跡（佐賀県鳥栖市）　福田型銅鐸鋳型

木ノ宗山に銅鐸が埋納されたのは、「紀元前後」の弥生中期とされる。広島市教育委員会は「伝木ノ宗山出土福田型銅鐸」を含めた「安芸福田木ノ宗山出土青銅器」について、次のように解説している。

《このような出土状態はきわめて稀で、後に近畿を中心に分布する銅鐸と北部九州を中心に分布する銅剣・銅戈とが共存したことを証する貴重な資料である。このような銅鐸は〈福田型銅鐸〉とも言われ、九州・中国地方に分布し、数多い銅鐸の中でも形態及び特異な文様から見て古い段階の銅鐸とされている》

木ノ宗山の出土状況がきわめて稀とされたのは、銅鐸・銅剣・銅戈が一緒に出る事例が珍しかったからだ。ところが、一九八四年に、島根県の神庭荒神谷《かんばこうじんだに》遺跡から六個の銅鐸・一六本の銅矛・三五八本の銅剣が出土して世間を驚かせ、青銅器の埋納についても根本的な見直しが求められるようになった。

異なる青銅器を埋納した遺跡が急増したわけではないものの、のちに銅鐸だけが大量に出た加茂岩倉遺跡も見つかり、出雲には桁違いの量の青銅製祭器を埋納した遺跡が少なくないとわかったからである。

異なる青銅製祭器の出土地には、主に次のような遺跡がある。

▼柳沢遺跡（長野県中野市片塩）――銅鐸五個・銅戈七本
▼桜ヶ丘遺跡（兵庫県神戸市灘区桜ヶ丘町）――銅鐸一四個・銅戈七本
▼吉野ヶ里遺跡（佐賀県吉野ヶ里町、神埼《かんざき》市）――銅鐸一個（周辺地域）と銅剣多数
▼神庭荒神谷遺跡（島根県出雲市斐川町神庭）――銅剣三五八本・銅鐸六個・銅矛一六本

柳沢遺跡は今のところ銅鐸の北限にあたり、長野県には、『古事記』でタケミカヅチに敗北したタケミナカタが追いつめられた諏訪湖がある。また、六甲山麓の桜ヶ丘遺跡では銅鐸一四個と銅戈七本が急峻な山の斜面に埋められていた。

桜ヶ丘遺跡の北西には、もう一つ、銅鐸が二個出た桜塚遺跡がある。六甲山は「神の目」の山と見なすことができるし、桜ヶ丘遺跡と桜塚遺跡は、ともに境界に関わる

可能性をもつ「サのつく地名」である。桜ヶ丘遺跡が、かつては神岡《かみか》遺跡と呼ばれていたことも、この周辺が神と関わる〈呪術空間〉だった状況を物語る。

木ノ宗山の立石も「神の目」か?

木《き》ノ宗山《むねやま》の遺跡には邪視文《じゃしもん》銅鐸《どうたく》が他の青銅製祭器と一緒に出ているほかに、もう一つの珍しい特徴がある。一般に銅鐸は、丘陵や山の斜面の土中に埋納された状態で発見されるが、木ノ宗山では、烏帽子《えぼし》岩と呼ばれた「人為的に整えられた立石」の下から出てきたという(次頁の写真は広島市文化財団文化科学部文化財課)。人為的な巨石が存在する遺跡である点では、楯築遺跡と共通することも注目される。

木ノ宗山は、北西の太田川流域と北東の三篠川流域の両方を同時に望める場所にある。川の合流点には真亀山《まがめやま》神社、三篠川の上流には神目《かんなめ》神社が鎮座している。さらに、木ノ宗山の山頂からは、南方に広島の市街地と、その先の瀬戸内海が見渡せることも大きな特徴の一つであるという。

山城を築くのに適した山が銅鐸の埋納地に選ばれた理由には、眺望も含まれていたらしい。城を守る場合にも必要な条件にちがいない。しかし、烏帽子岩は中腹にある。木ノ宗山が「神の目の山」だったとすると、烏帽子岩のある中腹の場所は、「木ノ宗山ににらまれる」地が選ばれたと想像することもできる。

木ノ宗山に巨石が人為的に配置されたのは、ここが亀石のあった楯築遺跡と同じく「にらむ」行為が意識された〈呪術空間〉に選ばれたことを物語るようだ。楯築遺跡は小高い丘にすぎないけれど、この遺跡からは足守川流域が素晴らしく見渡せる。

楯築遺跡の巨石も木ノ宗山の烏帽子岩も、神々が天降り、また宿るという依《よ》り代《しろ》のある祭祀の場だったと思われる。六甲山も巨石で知られ、のちに仏教の修行の場ともなった。巨石を人為的に移動した形跡も指摘されている。弥生時代の境界祭祀から聖地化が進んだとすると、烏帽子岩も楯築遺跡と同様に、天津神と自称した「神の目」の観念をもつ吉備の勢力が築いた気配が濃厚になる。

烏帽子岩

木ノ宗山の烏帽子岩には、邪視文銅鐸の呪力を封じ込める狙いがあったらしい。そして、埋納した青銅製祭器を「神の目」で見張ったなら、木ノ宗山の役割は出雲の佐太《さだ》神社の裏にある神目山《かんのめやま》の役割に近いことになる。
このような〈呪術空間〉は、祭祀と処分場の両方の意味をもっていたのかもしれない。あえて踏み込んだ表現をするなら、巨石は〈墓標〉なのかもしれない。ともあれ、木ノ宗山に人為的な巨石が配置されたのは、邪視文銅鐸が他の銅鐸より呪力が強いと見なされ、より怖れられた状況を示しているようである。

〈兄弟〉と称される同じ鋳型でつくった邪視文銅鐸が、出雲と安芸の両方で出ているのも、呪力の強さに関係している可能性がある。

なぜなら、吉備と国境を接する出雲と安芸が、同じ鋳型でつくった兄弟銅鐸を所有していたのは、吉備を共通の敵として同盟を結んでいたかもしれないからである。安芸は備前・備中・備後・美作が分割されるまで吉備の西側にあった隣国で、木ノ宗山も吉備と安芸の国境から近いところに位置していたと考えられる。

だが、盟約があったとしても、銅鐸勢力は敗北し、邪視文銅鐸は葬られた。木ノ宗山の北西に真亀山神社があり、北東の三篠川流域に神目《かんなめ》神社がある配置は、勝者となった吉備が、銅鐸を埋納した木ノ宗山を監視していた状況を物語る。

『記・紀』はなぜ銅鐸について一言も語らないのか?

ここまで、いささか強引に推測を重ねてきた。実際のところ、邪視文銅鐸は謎だらけで、わかっていることは多くはない。もとは豊饒を祈る祭器だったのが、いつの間にか軍事的な意味をもつようになった気配もある。銅鐸は、「何らかの祭祀に使われた」という曖昧な表現しかできない相手であることも確かなのだ。

銅鐸の実像が不明なのは、『記・紀』が銅鐸について一言もふれていないことにも原因がある。わたしはここまで、異なる青銅製祭器が埋納された遺跡は天津神が処分した空間ではないかと述べてきた。その根拠は、志《し》谷奥《だにおく》遺跡の場合のように、周辺に「神の目」の地名が残っているからだ。

天津神を正統とする立場で編纂された『記・紀』は、銅鐸祭祀に敵意をもっていた陣営に属している。その意味では、『記・紀』が銅鐸に一切ふれないこと自体は、とりたてて不思議ではない。

〈天孫降臨〉のあらすじにあったように、高天原から葦原中国《あしはらのなかつくに》へ天降った天孫ニニギは、アマテラスに「三種の神器」と呼ばれる八《や》尺瓊勾玉《さかにのまがたま》、八咫鏡《やたのかがみ》、草薙《くさなぎ》剣を授けられた。同じ材質の青銅製祭器でも、銅鏡と銅剣は天津神の宝器として登場するのに対し、銅鐸は完全に無視され、存在すら紹介されないのである。

すると、『記・紀』が編纂された時代に、銅鐸は忘れられていたのかというと、そんなことはないのだ。『扶《ふ》桑略記《そうりやつき》』という史書の天智天皇七年（六六八）に、近江国志賀郡で銅鐸が掘り出されたと記録されている。にもかかわらず『記・紀』は銅鐸について一言もふれなかった。『記・紀』が国譲りの様子を詳しく記した出雲から、大量の銅鐸が出土しているのも、余計に不審に思われる。

いささか奇妙な表現になるが、吉備の天津神は〈不言実行〉で銅鐸の見張りを行なったのだ。その一つが出雲の神目山《かんのめやま》で、ここは二個の銅鐸と六本の銅剣が出土している志谷奥遺跡にきわめて近い。

佐太神社に祀られたサルタヒコは境界の神であり、神目山ににらまれた状況は、大きな目のサルタヒコが「高天原と葦原中国のあいだ」のヤチマタを守っていたと『記・紀』が記す内容ともかみ合う。

『記・紀』のいう「高天原と葦原中国のあいだ」は、現実世界に置き換えれば、おそらく吉備と出雲の国境ということになるだろう。〈邪魔者〉だったので目の敵にされ、佐太神社は志谷奥遺跡とともに神目山の監視下に置かれたと推測できる。

では、はるかに大規模に青銅製祭器が埋納されていた加茂岩倉遺跡や神庭荒神谷遺跡に対する監視は、どういうぐあいに行なわれたのだろうか。

この問題を考えるとき、神目山の後ろに神名火山《かんなびやま》（朝日山《あさひやま》）がある事実がにわかに意味を帯びてくる。

神名火山《かんなびやま》（朝日山）とは別に、出雲にはもう一つ神名火山があり、同じ読みの神名《かんな》樋山《びやま》が二つある。すなわち、出雲には神名火山と神名樋山が二組存在していて、加茂岩倉遺跡と神庭荒神谷遺跡は神名火山（仏経山）の山麓ともいえる近いところにある。

そして、「茶臼《ちやうす》山＝神名樋山」「朝日山＝神名火山」「大船《おおぶね》山＝神名樋山」「仏経山＝神名火山」という合計四つのカンナビ山は、宍道湖《しんじこ》をぐるりと取り囲んでいる。

出雲を見張った四つのカンナビ山

神庭荒神谷遺跡には、銅剣だけで三五八本という突出した数の青銅製祭器が埋納されていた。

数量が一年の日数に近く、暦に関わるのではないかという説が唱えられたこともある。だが、実際は青銅製祭器を一気に葬り去る〈処分場〉の役割を果たした気配がただよっている。その裏づけになりそうなのが、神名火山から近い事実なのだ。

▼神名樋山（茶臼《ちゃうす》山）一七二m——意宇《おう》郡
▼神名火山（朝日山）三四二m——秋鹿《あいか》郡
▼神名樋山（大船《おおぶね》山）三二七m——楯縫《たてぬい》郡
▼神名火山（仏経山）三六六m——出雲《いずも》郡

加茂岩倉遺跡・神庭荒神谷遺跡は、四番目の「神名火山＝仏経山」の東麓・北麓の地にあり、これらの二つの遺跡を「にらみつける」のに、まことにぴったりの場所と表現することができるだろう。

カンナビ山も、カンメ・カンノメと同じく神に由来する言葉で、「カンのつく地名」である点では共通するが、出雲に四つあるカンナビ山の配置は、国境に位置している

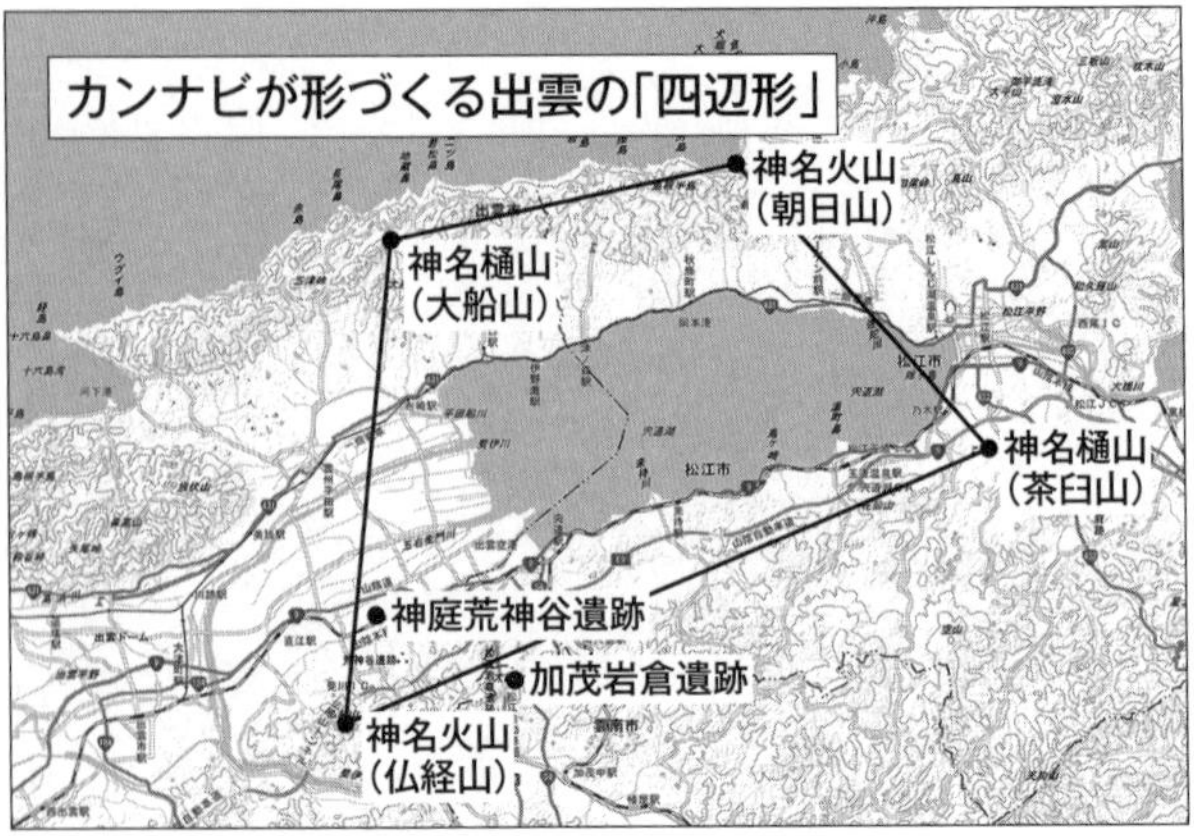

わけではない。山だから自然の地形にもとづいているのは当然として、いくつかの候補の山から人為的に選ばれている。

なぜそういえるのかというと、四つのカンナビ山は四つの頂点をもつ四辺形（四角形・台形）をつくる配置になっているからだ。国境ではなく、図形を意識した頂点が選ばれているわけである。

しかも、四つのカンナビ山がつくる四辺形は、意味をもった〈陣形〉と解釈することができる。六角形ではないが、重要な空間を山で囲み、魔除けをほどこしているように見えるからだ。『出雲国風土記』には、出雲全体で五〇以上の山の名が出てくるが、右に掲げた四つのカンナビ山（神名火山・神名樋山）は、すべてその中に含まれている古いものだ。

四つのカンナビ山のうち「仏経山＝神名火山」は加茂岩倉遺跡と神庭荒神谷遺跡に近く、「朝日山＝神名火山」は佐太神社・神目山・志谷奥遺跡に近い。「大船山＝神名樋山」は青木遺跡に近く、出雲大社とも対応するが、距離はいくぶん離れている。残る「茶臼山＝神名樋山」の周辺は、出雲の国庁が置かれた政治の中心で、まわりにはかなり遺跡が多い。なかでも目をひくのは、軍事的な史跡とも評される三重の深い環濠をめぐらした「田和山《たわやま》遺跡」である。

弥生時代に数多くの環濠集落がつくられた中で、大規模な三重の環濠が見つかっているのは今のところ田和山遺跡しかない。ここは「紀元前後」を含む弥生の前期末から後期にかけての遺跡で、松江市内を見下ろす標高五〇メートルの高台に位置する。

田和山遺跡の環濠は、数が多いだけでなく、規模も大きい。内側が第一環濠、真ん中が第二環濠、外側が第三環濠と名づけられ、環濠は上幅が三〜七メートル、深さが一〜一・八メートル、長さが二〇〇〜二七五メートルもある。これらは高台に収蔵した〈何か大事なもの〉を守るために防備を固めていたと推測されている。

ところが、一般の環濠集落とは違い、住居は環濠の外側にあり、内部の砦からは、山頂部において大量の石鏃《せきぞく》やつぶて石などの武器が出土した。とすると、ここは防御のための砦だとしても、住民を守っていたわけではないのだ。ここから、砦には銅鐸などの祭器を収めた神殿があったのではないかと推測されるようになった。

もしも「茶臼山＝神名樋山」が田和山遺跡を意識して選ばれたとすると、カンナビ山の標的だったかもしれない出雲の弥生遺跡が、次のように揃う。

▼意宇郡の神名樋山（茶臼山）——田和山《たわやま》遺跡
▼秋鹿郡の神名火山（朝日山）——志谷奥《しだにおく》遺跡
▼楯縫郡の神名樋山（大船山）——青木遺跡
▼出雲郡の神名火山（仏経山）——加茂岩倉遺跡・神庭荒神谷遺跡

カンナビ山が打ち砕こうとした国津神の〈邪魔者〉

佐太《さだ》神社と神目山《かんのめやま》、さらには神名火山（朝日山）にも近い志谷奥遺跡から、破片を含め三個の銅鐸と六本の銅剣が一緒に出土している。

二十一世紀に入り、出雲大社の近くでも新たに銅鐸の出土が確認された。しかも、不思議なことに、中国・四国に多い「紀元前後」のものではない近畿式だった。これについて、「共同通信」（二〇〇三年一月三〇日付）は次のように伝えた。

《島根県出雲市の青木遺跡で、弥生時代後期の一〜二世紀とみられる近畿式銅鐸の一部が見つかり、同県埋蔵文化財調査センターが三〇日、発表した。島根県の出雲地方は、紀元前三世紀から紀元前後の銅鐸が加茂岩倉遺跡などで大量に出土しているが、いずれも音を鳴らす「聞く銅鐸」。祭祀《さいし》の道具として安置するようになった近畿式など「見る銅鐸」は初めて。近畿式銅鐸の出土場所としても最も西で、同センターは「出雲の弥生社会研究に新たな展開を導く貴重な資料」としている》

銅鐸は弥生後期になると大型化して、「紀元前後」までは音を鳴らす仕組みが保たれていたのが、「二世紀頃」には見るだけの祭器と化し、前者を「聞く銅鐸」、後者を「見る銅鐸」と呼んで区別している。

青木遺跡は「大船山＝神名樋山」と出雲大社の真ん中あたりに位置し、その北に大国主の子とされる阿遅志貴高彦根《あじしきたかひこね》を祀る都我利《つがり》神社（出雲市東林木町）がある。何より気になる点は、近畿式銅鐸の出た青木遺跡が「紀元前後」の遺跡と百年以上の時間差があることとなのだ。近畿からわざわざこの地へ運ばれたらしく、カンナビ山の目的に合わせるように、この場所を選んで埋納されたと思わざるを得ない。

カンナビ山が「紀元前後」に命名されたと断定する根拠はないが、直観的には、神目山の「にらみ」が先で、カンナビ山の選定がその後だったように思われる。いずれにせよ、山陰地方に銅鐸が埋納された「紀元前後」から近畿で銅鐸が埋納される「二世紀頃」までのあいだの時期に、カンナビ山が選ばれたようである。

出雲の四つのカンナビ山と国津神の神社・遺跡の組み合わせは、次のようになる。

▼意宇郡の神名樋山＝茶臼山
〇国津神の神社――磐坂《いわさか》神社（祭神・磐坂日子《いわさかひこ》）松江市八雲町
〇国津神の遺跡――田和山遺跡（石鏃《せきぞく》やつぶて石などの武器）
▼秋鹿郡の神名火山＝朝日山
〇国津神の神社――佐太神社（祭神・サルタヒコ）松江市鹿島町佐陀本郷
〇国津神の遺跡――志谷奥遺跡（銅鐸三個・銅剣六本）
▼楯縫郡の神名樋山＝大船山
〇国津神の神社――出雲大社（祭神・大国主）出雲市大社町杵築東
〇国津神の遺跡――青木遺跡（近畿式銅鐸）
▼出雲郡の神名火山＝仏経山
〇国津神の神社――佐為《さい》神社（祭神・サルタヒコ）松江市宍道町
〇国津神の遺跡――加茂岩倉遺跡（銅鐸三九個）
〇国津神の遺跡――神庭荒神谷遺跡（銅剣三五八本・銅鐸六個・銅矛一六本）

初めて登場した神社と遺跡について説明しておくと、式内社である磐坂《いわさか》神社はイワサカという境界に置かれる巨石のイメージを背負った神社である。『出雲国風土記』によればイワサカヒコは「スサノオの御子」とされ、大国主とサルタヒコを合わせた性格をもつ国津神だ。天津神から見て、いかにも〈邪魔者〉にされそうである。

佐為《さい》神社は『出雲国風土記』では狭井と表記される境界神（サエの神）の神社で、サルタヒコが祀られている。五〇〇メートルほど離れた場所に「女夫岩《めおといわ》」という巨石があり、境界と巨石の深い関わりを示している。

このように、カンナビ山は国津神の神社や国津神の遺跡など呪力を封じる必要があると見なされたものを射程内に収めつつ、宍道湖を包囲するように配置されている。ところで、右のように国津神の神々と遺跡を組み合わせ、「カンナビ山は国津神の神や銅鐸を封じ込めようとしていた」といった話をいきなり切り出したら、耳を傾けてくれる人は一人もいないかもしれない。

カンナビ山には、神が降臨する端正な姿の山のイメージが定着している。カンナビが「目のにらみ」や「見張り」の観点から論じられたことはなく、妄想と思われても仕方がないだろう。カンナビ山の配置が人為的に選択された話を理解してもらうには、丁寧に根拠を示して、説明していくほかなさそうだ。

「目」のつく地名を追うと国津神と天津神のにらみ合いがあぶり出されたように、カンナビ山から、周辺に青銅製祭器を葬った場所が浮かび上がる。ただし、四辺形の頂点に近いというだけでは根拠が薄弱なので、〈陣形〉が何を意味するかを考える必要がある。

カンナビは何を意味するのか?

一章で考察したように、カンノメが「神の目」に由来することは大方の同意を得られると思う。では、カンナビにはどういう意味があるのだろうか。

カンナビが「神の依代《よりしろ》」などと称される「聖なる山」と見なされてきたことは間違いない。神道の用語としては神の降臨する神体山《しんたいさん》を指し、万葉集にも登場する。問題は「ナビ」や「ビ」がどういう意味なのかに絞られてくる。

カンナビの解釈は「神の森」や「神の並び」など諸説ある中で、ナビを「隠《なば》る」と結びつける説が有力とされ、関連して「隠《こも》る・隠《かく》れる」、さらに「靡《なび》く・靡《なび》ける」と解釈する説もある。「隠《こも》る・隠《かく》れる」は「死ぬ」の婉曲な表現としても使われた。三重県の伊賀に名張《なばり》があり、これも「隠れる」に由来するという。

ナビは四辺のイメージに通じる備後の地名「神辺《かんなべ》」のナベ（辺）と同じ意味か、または「神隠《かんなび》＝神を隠《こも》らせる」ではないかとわたしは考えている。ここはひとまず、大ざっぱなとらえかたをしておき、話を先へ進めるとしよう。

『出雲国風土記』には神名火山と神名樋山が二つずつ出てくるほか、美作には神南備山《かんなびさん》、備後《びんご》には八世紀に創建された甘南備《かんなび》神社がある。カンナビ発祥の地がどこなのかを突きとめるのは困難だが、美作の神南備山は亀甲《かめのこう》駅の北の津山市にあり、周辺は「神の目」の観念が浸透していた地域で、美作は有力候補地といえそうだ。

すでに述べたように、ミマ（美）とサカ（作）からなる美作は、「境界をにらむ」地名の可能性が高い。そして、カンノメもカンナビも境界と無関係ではない。ところが、出雲のカンナビ山には邪視《じゃし》文銅鐸《もんどうたく》のような「国津神の祭器の呪力」を封じ込めようとした意図が感じられた。出雲のカンナビ山と美作の神南備山が同じ観念で名づけられたなら、美作の神南備山の周辺も、かつては国津神と天津神が「目」の呪力による「にらみ合い」を行なっていた地域なのかもしれない。

美作の神南備山からは津山盆地が一望できるという。標高は三五六メートルあり、出雲の神名火山（朝日山）の三四二メートルや神名火山（仏経山）の三六六メートルに近い。高さに関して、カンナビ山は遠くから目立つ「それなりの高さ」が求められている印象を受ける。

一方、備後の甘南備神社は、備後の国司をつとめた佐伯氏が、八世紀初頭に創建したと伝えられる。社伝には、備後国に悪疫が流行した際、出雲の美保神社から祭神の事代主を勧請したとある。佐伯氏が、わざわざ美保神社から国津神の事代主を勧請している。

にわかには信じられないのだが、八世紀に至るまで、大昔に国譲りさせた事代主の祟りを悪疫流行の原因ではないかと疑っていたわけである。

八世紀に創建された神社が大昔の銅鐸を標的にしたとは思えないが、悪疫を封じるカンナビの魔除け効果に期待を寄せていたのは間違いなさそうだ。そういうカンナビの思想が、二世紀頃、吉備や出雲から大和へ伝わったのではないだろうか。

大和の三輪山は、遠くからもすぐに見つけられる秀麗な姿を含め、日本一有名なカンナビ山といってよさそうだ。だから、カンナビ山の起源が中国地方にあると述べると、三輪山が本家だと反論されるかもしれない。しかし、カンノメ（神目）との関係などを考慮すると、やはり中国地方が先だったように思われるのだ。

ここまで見てきたように、銅鐸が埋納された出来事は、国津神の敗北で祭祀が終焉した状況を物語っているように見受けられる。このことは、「神の目」の観念をもった天津神が銅鐸祭祀を禁じ、国津神の祭器を埋めることで機能を封じたと解釈すると納得しやすい。おそらく、その考え方を延長させて、国津神の呪力を押さえ込むカンナビが設置された。木ノ宗山の遺跡では巨石を配置し、まるでそこに葬るように、祭器を埋めている。

むろん、具体的な祭祀の中身は不明だが、神目《かんのめ》をはじめ、これから探る見目《みるめ》などの地名を追っていくと、近畿・東海から伊豆半島、さらに房総半島まで、天津神が銅鐸や小銅鐸の出土地を執念深く追跡していた様子が浮き彫りになる。目を表現した地名には、「にらみ合いの移動」が示されているといってもよさそうである。

その攻防は、紀元前後に中国・四国地方から始まり、二世紀頃には近畿・東海まで拡大された。そのあいだ、国津神と天津神のにらみ合いは途切れることなく続いていたらしく、紀元前後の「聞く銅鐸」から二世紀頃の「見る銅鐸」への変化も、この期間に起こったと考えられる。近畿の銅鐸は出雲の銅鐸より新しいから、このことも大和のカンナビが出雲のカンナビより後である根拠にできるのではないだろうか。

大和にも四つあったカンナビ

大和では、山容が最も美しいといわれる三輪山が、『万葉集』で「三諸《みもろ》の神名備山」と呼ばれた。

一方、出雲国造が天皇に奏上する言葉を記した『出雲国造神賀詞（いずものくにのみやつこのかんよごと・いずものこくそうのしんがし）』には、三輪山《みわやま》が「大御和《おおみわ》の神奈備」、高鴨《たかがも》神社が「葛木《かつらぎ》の鴨《かも》の神奈備」、飛鳥坐《あすかにます》神社（元の鎮座地は現在の賀夜奈《かやな》流美《るみ》神社など諸説ある）が「飛鳥《あすか》の神奈備」として、それぞれ神を鎮座させた場所とされている。

さらに、カンナビの言葉は使われていないものの、「事代主の御魂を宇奈提《うなで》に坐させ」とあり、事代主を祀る宇奈提の地も神奈備であることが示される。宇奈提とは農業用水を得る用水路を意味し、橿原市の河俣《かわまた》神社が宇奈提に比定されている。

大和にも出雲と同じ四つのカンナビ（山）があった。出雲と同数であるばかりでなく、出雲国造が文書に残した点を含めて、出雲と大和のカンナビは不思議な糸で結ばれていたこともわかってくる。

まず何より、『万葉集』に「三諸の神名備山」、『出雲国造神賀詞』に「大御和の神奈備」の名で登場する三輪山は、国津神系、すなわち〈出雲系〉に分類される大国主を祀る大神《おおみわ》神社の神体山《しんたいさん》である。今さらいうまでもないが、大国主は出雲大社に祀られる出雲を支配していたとされる神なのだ。

かつては三輪《みわ》明神と呼ばれた大神神社は、磐座《いわくら》のある三輪山を神体山とする磐座祭祀で知られ、御神体を収めた本殿をもたない。主祭神の大国主は、正式には大物主大神と呼ばれ、丹塗矢《にぬりや》に変身する蛇神で、酒の神ともいわれる複雑な顔をもっている。

大神神社の信仰は複雑で奥深く、なかなか正面から論じにくい手強い相手である。大物主《おおものぬし》は大国主の別名で、大国主の和魂《にぎたま》を表わしているという。ところが、神話では大国主が国づくりに悩んでいるとき海の彼方から現われる別人格の神として描かれ、大国主とは異なる性格を備えているようでもある。

三輪山は秀麗な姿が多くの人びとに愛されてきた。だから、吉備の勢力が大和へ侵入する前から人びとの信仰を集めてきたのは間違いなさそうである。そういう聖なる山を天津神が選び、二世紀頃にカンナビ山につくりかえたという言い方ができるのではないだろうか。

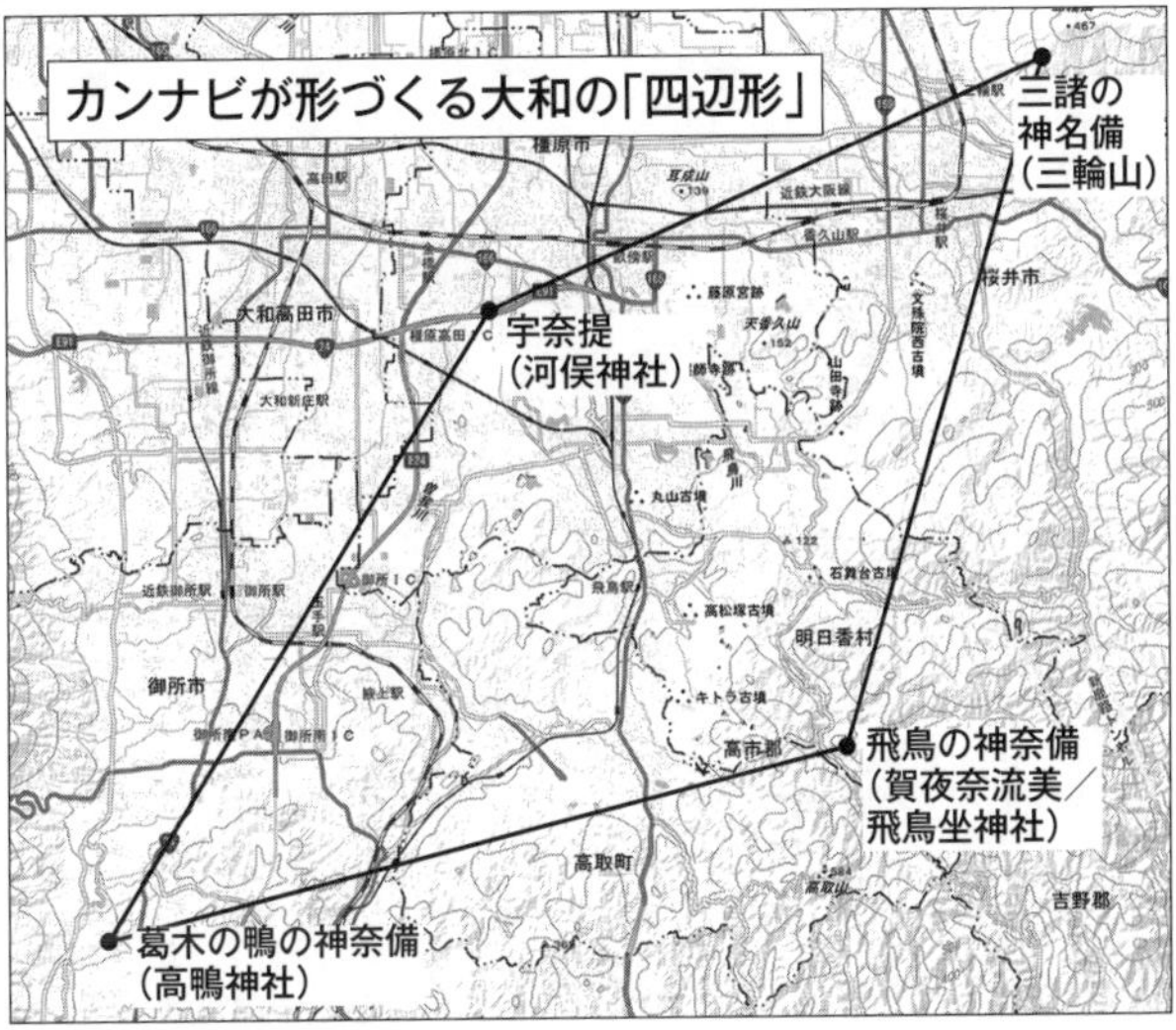

カンノメもカンナビも、国津神の銅鐸と敵対関係にあったことは間違いない。出雲では神目山《かんのめやま》の奥にカンナビ山が控えていた。大和の三輪山《みわやま》（三諸山《みもろやま》）は、大福遺跡を見おろす場所に位置している。三輪山は「ミのつく山名」で、「にらみの山」の可能性がある。その奥に位置する「マのつく山名」の巻向山《まきむくやま》も同様だが、ミワにはヘビや酒という解釈もあり、「神の目」に絞り込まないほうが賢明のようである。

　ともあれ、出雲のカンナビ山にならい、大和の四つのカンナビと、それらと敵対関係にありそうな国津神の神社・遺跡を拾い上げると、次のようになる。

▼三諸の神名備山〔三輪山〕四六七m——桜井市
○国津神の神社——大神《おおみわ》神社（祭神・大物主《おおものぬし》＝大国主）
○国津神の遺跡——大福《だいふく》遺跡（銅鐸のリサイクル）
▼葛木《かつらぎ》の鴨《かも》の神奈備〔高鴨《たかがも》神社〕——御所《ごせ》市鴨神《かもがみ》
○国津神の神社——高鴨神社（祭神・阿遅志貴高日子根《あじしきたかひこね》＝大国主の子）
○国津神の遺跡——名柄《ながら》遺跡（銅鐸・多鈕細文鏡《たちゆうさいもん》）
▼飛鳥《あすか》の神奈備〔飛鳥坐《あすかにます》神社〕——明日香村
○国津神の神社——飛鳥坐神社（祭神・事代主《ことしろぬし》＝大国主の子）
○国津神の神社——高市御縣坐鴨事代主神社（祭神・事代主）
▼宇奈提《うなで》〔河俣《かわまた》神社〕——橿原市
○国津神の神社——河俣神社（祭神・事代主＝大国主の子）
○国津神の遺跡——四分《しぶ》遺跡（銅鐸形土製品）

大和のカンナビは、三輪山（三諸山）が典型的な〈神奈備山〉であるほかは、高鴨神社がやや高いところにあるが、山とはいえない。大和では、カンナビは原則として国津神を祀る神社なのだ。そして、賀夜奈流美《かやなるみ》神社や飛鳥坐神社といったいくつかの候補地がある「飛鳥の神奈備」をのぞくと、出雲の場合と同じように、銅鐸に関連する遺跡がその近くに見つかる。

出雲と大和のカンナビは、同じ思想・観念にもとづいて選ばれていると思われ、大和のカンナビにも、国津神の呪力を封じ込める目的があったと考えられる。おそらく、これは出雲の神紋が亀甲紋だらけなのと同じで、敗北者の側である国津神の祟りを封じるためと推測される。

出雲では四つのカンナビ山が、宍道湖を取り囲むように台形を形成し、大和では四つのカンナビが橿原を中心とする菱形を形成している。

▼出雲のカンナビの四辺形――宍道湖を取り囲む台形――山が頂点
▼大和のカンナビの四辺形――橿原を中心とする菱形――神社が頂点

先に、カンナビ山の四辺形は意味をもつ〈陣形〉であり、大事な空間を山で囲み、そこに魔除けをほどこしているように見えると述べた。出雲では山を頂点とする台形、大和では国津神を祀る神社を頂点とする菱形の空間が形成されている。

これらの四辺形を「にらみ合いの陣形」の観点から見ると、カンナビの四点を結ぶ四辺形の「辺」は、〈結界〉が形づくった境界ということになりそうだ。ならば、周辺に銅鐸と関連する遺跡があるにしても、四辺形の内部は魔除けをほどこした聖域・神域で、外側の空間とを隔てる境界を設けるのが目的だったと考えられる。

出雲では四辺形が宍道湖を取り囲んでいるため、なかなか意味が読み取れなかった。だが、大和では国津神の神社を頂点に選び、その呪力を封じ込めながら〈結界〉の設定にも用いたと推測してよさそうだ。

「大御和の神奈備」と長髄彦

『万葉集』に「三諸《みもろ》の神名備山」、『出雲国造神賀詞』に「大御和《おおみわ》の神奈備」の名で出る三輪山は、奈良盆地の南東部に位置している。残る三つのカンナビは、そのさらに南西にある。つまり、大和のカンナビが形づくる四辺形は、奈良盆地の南にかなり偏っている。しかも、盆地の南西部は丘陵で、宍道湖周辺のような米づくりが盛んな穀倉地帯でもない。南に偏している理由は何なのだろうか？

考えられるのは、奈良盆地の南から侵入してきた勢力が、南部に根拠地を築いたという理由だ。『記・紀』の神武東征では、当初は生駒山を越えて奈良盆地北部に侵攻を試みたものの、国津神の首長である長髄彦《ながすねひこ》*の軍勢に敗北して挫折している。

生駒越えを断念した神武天皇は南へ迂回する。和歌山から宇陀《うだ》盆地を経由して奈良盆地へ進出を果たしてから、橿原《かしはら》の地で即位する。長髄彦はトミの長髄彦と形容され、トミは生駒山の東側にある鳥見《とみ》・登弥《とみ》神社や、三輪山の南側にある迹見《とみ》・等弥《とみ》神社に関わる地名と考えられている。

ここでも、トミの表記に「見」の字が当てられていることが注目される。神武軍が最後に戦う場面では、黥利目《さけるとめ》と表現された入れ墨のある久米氏の軍団が活躍する。「見る」の観念は「目」の観念に通じるので、トミと利目《とめ》は同じような意味の言葉かもしれない。

神武天皇が、いったんは長髄彦に敗北するトミの地は、命名者が誰なのかはわからないが、境界外から侵入してくる敵を「にらみ」で撃退する空間として設定されたのではないだろうか。

すでに述べたように、「三・御・美」などと様々に表記されるミワ山（ミモロ山）にも「にらみ」の気配がただよう。三輪山の山麓にある狭井《さい》神社の境内に、三輪山へ登拝する入口があり、麓で「見張る」辟邪の役割を担っているらしいことも、それを裏づけているように思われる。

＊　長髄彦＝『記・紀』に登場する大和の共同統治者。『古事記』には登美《とみ》の那賀須泥毘古《ながすねひこ》として顔を出し、大和に侵入した神武天皇に激しく抵抗する。『日本書紀』には物部氏の祖神ニギハヤヒ（饒速日）に妹を嫁がせて従っていたが、その義弟に殺されたという記述もある。『記・紀』は長髄彦を神武東征における国津神最強の難敵として描いた。

▼大和のカンナビ山（三輪山）——狭井《さい》神社（祭神・大国主）
▼出雲のカンナビ山（仏経山）——佐為《さい》神社（祭神・サルタヒコ）
▼出雲のカンナビ山（朝日山）——佐太《さだ》神社（祭神・サルタヒコ）

三輪山の山麓は「桜井《さくらい》」とも呼ばれたが、これも「狭井《さい》神社」と同じ「サのつく地名」である。そして、桜井市大福《だいふく》の「大福遺跡」の墓の穴から、意図的に埋納されたと見られる銅鐸が一個出土している。大福遺跡は三輪山と耳成山《みみなしやま》のあいだに位置するが、ほかにも銅鐸の破片と、銅鐸が祀られなくなった時代の筒状《つつじょう》銅器や銅鏡が一緒に出土している。このことを根拠に、大福遺跡は天津神が国津神の銅鐸を破壊し、新たな青銅器を鋳造した「リサイクルの場」だったと報道されることになった。

さて、ここまでの話を整理しておこう。トミの長髄彦と呼ばれた国津神は、神武東征の物語に登場する最強の難敵として、生駒山に近いトミや三輪山に近いトミで天津神の勢力を撃退した。

だが、長髄彦は敗北し、統治権を奪われる。ヤマトを征服した天津神は、その後、三輪山から南西方向に「にらみ」と「見張り」で包囲する四つのカンナビを設置した。三輪山の周辺がヤマトと命名されたのは、この頃かもしれない。

序章で私見を述べたように、ヤマトを「や＝多い」「ま＝目」「と＝処」と仮定して解釈すると、「虚空見《そらみ》つヤマト」は「空間をにらむ目の多いところ」の意味になる。関連しそうな地名を周辺で探すと、耳成山《みみなしやま》のミミに「見目」に結びつく気配があり、その北をメカワと読める米川が流れ、さらにその北に、式内社の目原《めはら》坐高御魂神社があったという。

「虚空見《そらみ》つヤマトの国」の範囲は、のちに奈良盆地から大和国の全体に拡大されることになる。当初はカンナビ（山）が形づくる四辺形が、目による「魔除けの空間」を示していたように思われる。

「葛木の鴨の神奈備」とカモ氏

葛城は奈良盆地の南西の隅に位置し、葛城南部は大和と紀伊の分水界にあたる。それで、かなり標高をもっている。すでに述べたように、ここには大国主の子阿遅志貴《あじしき》高日子根《たかひこね》を祀った高鴨《たかがも》神社（御所市鴨神）が鎮座し、その北方およそ三キロのところに、銅鐸と多鈕細文鏡《たちゆうさいもん》*の出た名柄《ながら》遺跡がある。

高鴨神社のそばに、鴨神《かもがみ》という地名もあり、高鴨神社の北西およそ一・五キロの地

＊　多鈕細文鏡《たちゆうさいもん》＝鏡の裏にヒモを通す「鈕」があり、弥生中期頃、最初に伝えられた銅鏡といわれる。九州北部の宇木汲田《うきくんでん》遺跡や吉武高木《よしたけたかぎ》遺跡などでも出土している。

には高天彦《たかまひこ》神社（御所市北窪）が鎮座している。祭神は、アマテラスが高天原の最高神となる以前その座にあったと考えられるのに、今やほとんど知る人のいないタカミムスヒである。タカマの神社名から、ここを高天原と見る説も唱えられている。

葛城は四世紀の末から五世紀にかけて、葛城氏が本拠を置き、御所市の室《むろ》にある室《む》宮山《ろみややま》古墳は葛城襲津彦《かつらぎのそつひこ》の墓の可能性が高いとされる。室宮山古墳は名柄《なが》遺跡の東二キロの地にあり、室宮山古墳の北二キロには事代主《ことしろぬし》を祀る鴨都波《かもつば》神社が鎮座する。

つまり、葛城には、大国主の二人の子を祀った「鴨《かも》」の名称をもつ古社が二つあるのだ。そういう大国主と縁の深い地にカンナビがあるのも出雲と共通する。

カモ（鴨・加茂・賀茂）氏は出雲系と一括りにして呼ばれることが多い。カモは「神＝カム・カン」に由来する言葉と思われ、出雲には銅鐸の出た加茂岩倉遺跡がある。

だが、カモ氏には「三輪の大物主の子孫」と名乗る国津神のカモ（鴨君）氏と「八《や》咫烏《たがらす》（賀茂建角身《かもたけつぬみ》）の子孫」と名乗った神武東征を先導した天津神のカモ（鴨県主）氏の二系統があるとされ、一括りに国津神とは決めつけられない。

また、葛城の高鴨《たかがも》神社の高鴨《たかかも》氏は、大三輪《おおみわ》氏と同族の大国主の子孫と名乗っていたが、『山城国風土記』の逸文には上賀茂神社・下鴨神社の神が大和の葛城から移ってきた天津神系のカモ（鴨県主）氏であると記されている。となると、大神神社を奉斎した三輪系と呼ばれる豪族にしても、必ずしも国津神とは断定できないことになる。

「宇奈提の神奈備」と忌部氏

宇奈提《うなで》のカンナビは、葛城と呼ばれる広い地域の北東に位置する。曽我《そが》川が南から北へ流れ、川沿いに河俣《かわまた》神社(橿原市)がある。ここは対岸の木葉《このは》神社とともに『延喜式』に載っている川俣神社とされる。

宇奈提は、南の忌部《いんべ》山と北の忌部町に挟まれた場所にある。忌部町は、忌部氏にちなむ地名で、祖神のフトダマを祀る天太玉命《あめのふとだまのみこと》神社がある。久米部を率いた久米氏と同様、忌部《いんべ》*と呼ばれた部民を率いた中央豪族の忌部氏が、この「宇奈提のカンナビ」に本拠地を置いていた。

ヤマトに本拠地をもつ忌部氏は、出雲にも拠点をもっていた。出雲のカンナビ山のうちの二つ「茶臼山」と「仏経山」のあいだに、忌部神社(松江市東忌部町と西忌部町)が二社ある。このことから、忌部氏は出雲に進出した吉備の古参勢力として、主導的な役割を果たしていたことが推測される。

なお、忌部氏が祖神フトダマの父と位置づけたタカミムスヒの子孫には、大伴氏の

---

* 忌部氏＝中臣氏とともに朝廷の祭祀を行ない、のちに斎部《いんべ》と名を改めた。中央豪族の忌部氏は天太玉《あめのふとだま》を祖とし、自分たちの由緒を主張した『古語拾遺《こごしゅうい》』では天太玉をタカミムスヒ(高皇産霊)の子とするが、『記・紀』にはそのように記されていない。『記・紀』が編纂された八世紀には中臣氏に圧迫されて衰退しつつあった。

始祖の天忍日命《あめのおしひ》もいる。タカミムスヒの子孫と名乗った忌部氏・大伴氏・佐伯氏らの豪族たちが古い名門であることを誇っていた様子は、『万葉集』に収められた大伴家持の歌からもうかがうことができる。

高天原の最高神がタカミムスヒからアマテラスへ交代した背景は、込み入っていそうである。あえて臆測をたくましくすると、ヤマトへ進出した勢力のうち、「天照御魂」など太陽神的な別名をもつアメノホアカリを祖神と位置づける尾張氏や、その同族である物部氏が台頭したせいなのかもしれない。

神名から推測すると、タカミムスヒは「霊力（ヒ）を生み出す神」であり、アマテラスは「太陽（ヒ）のように照り輝く神」である。

両者は「ヒ」を崇める意味では仲間のようだが、〈太陽信仰派〉が勢いを増したのではないだろうか。なお、アマテラスの孫のニニギは、アマテラスとタカミムスヒの両方から血を受けた系譜をもち、天皇家の正統性が主張されているようである。

本書がここまで追ってきた「神の目」は、大きく分ければ「霊力（ヒ）の神＝ムスヒ」の系統の古い観念のようだ。そして、〈天孫降臨〉の神話に忌部氏が顔を見せ、忌部の地名や忌部神社が出雲と大和に残るのは、日本列島に初めて統一国家が誕生した頃、忌部氏が王権の中心勢力だった状況を示唆する。

出雲の忌部神社の西には、忌部氏が装飾用の「タマ」をつくっていた玉作《たまつくり》遺跡がある。蘇我氏が本拠を置いた橿原市曽我町の曽我遺跡も大規模な玉つくりの遺跡として知られ、ここも忌部氏の本拠地に近い。「宇奈提の神奈備」が忌部町と忌部山に挟まれていることも、忌部氏とカンナビの関わりの深さを物語る。

ところで、岡山県津山市の高野神社に「宇那提《うなで》の森」と呼ばれる場所がある。大和の宇奈提と同じ用水路で、吉井川から水を引いていたという。高野神社は津山の神南備山の麓に位置することから、「大和の宇奈提」は美作の地名に由来する可能性が高そうである。

「飛鳥の神奈備」と飛鳥の亀石

宇奈提のカンナビのすぐ南、飛鳥坐《あすかにます》神社の西五キロに位置する忌部山には、高地性集落の遺跡がある。高地性集落は倭国大乱の遺跡とも目され、武器も出土している。三重の環濠をめぐらした出雲の田和山《たわやま》遺跡も、丘の上の砦だった。じつは、田和山遺跡も忌部神社から五キロしか離れていない。出雲と大和の両方で、忌部氏が関わりをもつ戦いが行なわれたのかもしれない。二つの場所を比較してみよう。

▼出雲の神名樋山（茶臼山）
○田和山遺跡（石鏃《せきぞく》やつぶて石などの武器）——丘陵上の砦

○忌部神社――のちの天津神の拠点
▼飛鳥の神奈備〔飛鳥坐神社《あすかにます》〕
○飛鳥坐神社（祭神・事代主《ことしろぬし》＝大国主の子）――国津神を祀った神社
○高市御縣坐鴨事代主神社（祭神・事代主）――国津神を祀った神社
○忌部町――のちの天津神の拠点
○忌部山――高地性集落

忌部山の東二キロの地点が現在の奈良県橿原《かしはら》市久米《くめ》町、すなわち久米氏が本拠を置いた大和国高市郡久米郷《たかいちぐんくめ》である。この久米郷から南東におよそ七〇〇メートル行ったところに鳥坂《とりさか》神社（橿原市鳥屋町）がある。こちらは大伴氏が神武東征の功によって土地を賜り、本拠地にしたと伝えられている場所だ。

つまり、久米氏と大伴氏の本拠地は一キロも離れていない。同じく軍事豪族で、中央の本拠がこれほど近いなら、久米氏と大伴氏が同族と見なされたのも当然だろう。

ところが、両者の本拠が隣接している事実は、必ずしも同族である根拠にはできないと考えられる。なぜなら、畝傍山《うねびやま》の南東部、現在は神武天皇を祀る橿原神宮《かしはらじんぐう》が鎮座している橿原（橿原市久米町）一帯は「神の目」が「見張り」を行なっていた聖域で、それゆえ、軍事豪族の本拠地が集められたとも推測できるからだ。

黥面《げいめん》をほどこした久米氏の本拠の久米郷は、おそらく「にらみ」の本場である。そして、明日香村を訪れた経験がおありなら、その一角に有名な「飛鳥の亀石《かめいし》」があることはご存じのはずだ。

飛鳥の亀石は〈謎の石像物〉と呼ばれてきた。飛鳥は名所の数多い観光地だが、亀石はとくに高い人気を誇る。亀石の目はユーモラスな印象をただよわせ、飛鳥のシンボルにされてきた。周辺には「益田岩船《ますだのいわふね》」「酒船石《さかふねいし》」「猿石」「鬼の雪隠《せっちん》」などと呼ばれる不思議な形態の石像物が目白押しである。

他の石像物はともかくとして、まずは「楯築の亀石」と「飛鳥の亀石」が似ているのか否かを見ていこう。

目をもつ造形であるのは共通だが、両者ともに亀にそっくりというわけではない。だが、亀を「神の目」と解し、両者を「目をもった石像物」あるいは「魔除けの石像物」と見れば、これらは同じ観念を体現していることも考えられる。

飛鳥の亀石

「神の目」の観念は何よりも目が重んじられるはずだ。「楯築の亀石」は文様に複数の目らしきものがあり、「飛鳥の亀石」も目が強調されているのは間違いない。

明日香村は、亀石の石像を次のように解説する。

《亀石　亀石と呼ばれる石像物は、いつ何の目的で作られたのか明らかでないが、川原寺の四至《しし》（所領の四方の境界）を示す標石ではないかという説がある。

伝説　むかし、大和が湖であったころ、湖の対岸の当麻《たいま》と、ここ川原の間にけんかが起こった。長いけんかのすえ、湖の水を当麻にとられてしまった。湖に住んでいたたくさんの亀は死んでしまった。何年か後に亀をあわれに思った村人達は、亀の形を石に刻んで供養したそうである》

ここでは境界を示す「標石説」が紹介されている。寺の四至なら、六世紀と伝えられている仏教伝来以降の出来事ということになるが、カンナビと亀石の関係はもっと古くてもおかしくないだろう。

飛鳥の亀石は「にらみの山」である三輪山から九キロの地にあり、その西方の見瀬《みせ》丸山《まるやま》古墳の周辺（見瀬町）はムサ（牟佐）と呼ばれている。このムサの地名は、四つのカンナビの頂点が形づくる四辺形（菱形）のほぼ真ん中に位置しているのが大きな特徴である。

先に、カンナビ（山）が形づくる空間は、大事な空間を山で囲み、そこに魔除けをほどこしているように見えると述べた。菱形をなすヤマトの四辺形が征服した土地に設定した〈魔除けの陣形〉だったとすると、ムサはその核心部に命名された地名ということになる。

ムサの地名は、大和のほかにも、いくつかある。ムサという地名には、どういう意味があるのだろうか。次章で、その正体に迫ろう。

第三章　ムサ！（身狭・牟佐・武射）――吉備の勢力が九州の宇佐へ上陸した

武蔵《むさし》という国名が何に由来するのかについては、江戸時代から二百年以上も議論が続けられている。にもかかわらず、諸説入り乱れ、少しも解き明かされない状態のままであることに驚かされる。そうなった原因は、どこにあるのだろうか？

ムサシ（武蔵）はムサ（身狭・牟佐・武射）の類語らしい。だから、ムサがわからないとムサシの意味はわかりそうもない。しかも、ムサとは何かを理解するには、それ以前にムスヒとの関わりを押さえる必要がある。

カンナビと関わりをもつムサやムサシの地名を遡ると、高蔵《たかくら》神社の鎮座している吉備の牟佐《むさ》に至るようだ。ムサは近江や房総半島にもある。さらに、宇佐《うさ》神宮の鎮座している大分県の宇佐と山形県の遊佐《ゆざ》も仲間のようだ。これらの地名を貫く共通点を追うと、ムサとムサシがどういうところなのかが見えてきそうである。

この章に登場する項目

〔地名〕身狭《むさ》・牟佐《むさ》・武射《むしゃ》・見瀬《みせ》・宇佐《うさ》・遊佐《ゆざ》・武蔵《むさし》・太宰府《だざいふ》
〔神社〕牟佐坐《むさにます》神社・高蔵《たかくら》神社・沙沙貴《ささき》神社・武射《むしゃ》神社・宇佐《うさ》神宮
〔考古学〕見瀬丸山《みせまるやま》古墳・牟佐大塚《むさおおつか》古墳・大崎台《おおさきだい》遺跡・下郷《しもごう》遺跡

〈神武東征〉のあらすじ

『記・紀』が初代の天皇と記したカムヤマトイワレヒコ（神武天皇）は、高天原《たかまのはら》から九州の日向に天降った天孫ニニギの曽孫とされ、海神の娘というタマヨリヒメを母親にもつ。ニニギは父からアマテラスの血を、母からタカミムスヒの血を受け継いでいる。

神武天皇は四十五歳まで日向で暮らし、その後、船団を率いてようやく日向を出発する。北へ向かい、最初に豊《とよ》国の宇佐《うさ》に到着した。ここで宇沙都比古《うさつひこ》・宇沙都比売《うさつひめ》の二人が仮宮《かりみや》をつくって神武天皇の一行に食事をもてなした。

一行は、そこからさらに移動し、最初は九州北部の遠賀川《おんががわ》河口の岡田宮《おかだのみや》、つぎに安芸《あき》の多祁理宮《たけりのみや》、さらに吉備の高島宮《たかしまのみや》に滞在する。速吸門《はやすいのと》という場所で亀の甲羅に乗った珍彦《うずひこ》と名乗る人物が道案内を買って出た。

吉備から東へ瀬戸内海を進み、難波《なにわ》の地に上陸して大和への侵入を試みるが、国津神を率いる長髄彦《ながすねひこ》の激しい抵抗に遭う。やむなく南へ転じ、紀伊半島を迂回して熊野から大和へ入った。その後は、抵抗する土着勢力をことごとく打ち破り、最後は長髄彦に勝利して大和の平定に成功する。

日向国を出発してから、『古事記』の記述では六年、『日本書紀』の記述では十年以上の年月が過ぎていた。畝傍《うねび》山《やま》の山麓に位置する橿原《かしはら》の地で即位したカムヤマトイワレヒコは「始馭天下之天皇《はつくにしらすすめらみこと》」と呼ばれる。それから、事代主《ことしろぬし》の娘であるヒメタタライスズヒメを皇后に迎え、在位七十六年で没し、畝傍山東北陵に葬られたという。

四辺形の頂点をつくる四つのカンナビ

橿原の周辺を地図でながめると、畝傍山を真ん中に挟んで、久米氏の本拠地「久米町」と忌部氏の本拠地「忌部町」が隣り合っている。久米町の南東が牟佐《むさ》（橿原市見《み》瀬《せ》町）と呼ばれ、ここに大和の四つのカンナビが形づくる四辺形の中心がある。

岡寺駅に近い牟佐には、式内社でも格の高い式内大社の牟佐坐《むさにます》神社が鎮座し、また牟佐坐神社の東にある見瀬《みせ》丸山《まるやま》古墳は、欽明《きんめい》天皇陵説が有力視される奈良県最大の前方後円墳で、三一八メートルの墳丘長をもつ。

一方、久米氏の本拠地である大和国高市《たかいち》郡久米《くめ》郷（奈良県橿原《かしはら》市久米町）は『記・紀』が神武天皇即位の地と記した橿原宮に隣接していて、明治二三年、この場所に橿原神宮が創建された。

牟佐は、現在は見瀬と呼ばれているが、かつては神社名と同じ牟佐村であり、ムサのほうが本来の古い地名だったと思われる。

牟佐坐《むさにます》神社には、葛城の高天彦《たかまひこ》神社と同じタカミムスヒが祀られ、孝元《こうげん》天皇も主祭神とされている。すでに述べたように、孝元天皇は桃太郎伝説のモデルといわれる吉備津彦の兄にあたり、吉備と深い関わりをもつ天皇である。『記・紀』は孝元天皇陵の場所もムサにあったと記している。

▼牟佐坐神社（奈良県橿原市見瀬町）——主祭神・高皇産霊《たかみむすひ》神および孝元天皇

畝傍山の山麓に本拠地を置いた忌部氏と大伴氏は、忌部氏の始祖のフトダマはタカミムスヒの子、大伴氏の始祖のアメノオシヒもタカミムスヒの末裔で、ともにタカミムスヒの子孫と称した。

同じ祖神の系譜をもつ忌部氏と大伴氏の本拠が牟佐に近かったため、牟佐坐神社にタカミムスヒが祀られるようになったと考えられてきた。しかし、違う見方もできる。牟佐はカンナビが形づくる四辺形の真ん中にあり、そこはもともと、軍事豪族を代表する大伴氏・久米氏が常駐するほど重要視された場所だったかもしれないからだ。

畝傍山の周辺

つまり、牟佐坐神社が鎮座する場所は神社の創建前に選ばれた重要な聖域・神域であり、その空間を複数の軍事豪族が警護していたという見方もできる。

すると、かつての最高神のタカミムスヒを祀る牟佐坐神社が四辺形の真ん中に鎮座しているのは、「最高の神」が「最高の空間」に祀られていたことになるわけだ。カンナビのつくる四辺形は出雲と共通の図形であり、四方の境界が意識されているのは間違いない。四辺形の真ん中にある牟佐は、聖域の中枢だったと考えると納得しやすい。しかも、『記・紀』は牟佐に近い橿原で初代の神武天皇が即位したと記した。ムサという地名には「最高の空間」といった意味合いが込められているように思われる。

なお、『記・紀』の神武東征は神話的な物語で、神武天皇陵や橿原神宮も、明治政府が『記・紀』にもとづいてつくったものだ。しかし、この場所は、実際に「最高の空間」と意識された特別な聖域でもあった気配がある。

牟佐坐神社にタカミムスヒと一緒に孝元天皇が祀られるのも、「最高」という観点から吟味してみる必要があるだろう。何より注目すべきは、「ムサ」の地に「ムスヒ」という神が祀られている音韻的な関連ではないだろうか。

また、『記・紀』は、第八代の孝元天皇陵がムサにあるとも記している。牟佐坐神社の主祭神の神武天皇と孝元天皇は、陵墓も近くにあるわけである。こうした「神武天皇と孝元天皇の不思議な重なり」は、孝元天皇が神武天皇のモデルの一人である可能性を示唆している。

というより、神武天皇の人物像の一部は、孝元天皇の事績を元につくられていると思わざるを得ないのだ。すなわち、「東征」の出発点を九州の日向ではなく吉備に置いてみると、〈吉備の大首長〉の系譜に連なる孝元天皇が、吉備からヤマトへ進出した道筋になるということなのである。

孝元天皇はオオヤマトネコヒコクニクルという和風名をもち、オオヤマトネコヒコからは、おぼろげながら、「ヤマトに政権基盤を築いた」イメージが浮かび、後半のクニクルにも「国を引っぱってきた」意味が込められている印象を受ける。以上の事柄を頭の片隅に置いて、四つのカンナビの真ん中にあるムサという地名の意味を探っていこう。

大和のカンナビ（大御和《おおみわ》の神奈備・葛木《かつらぎ》の鴨《かも》の神奈備・飛鳥《あすか》の神奈備・宇奈提《うなで》）は、直線で結ぶと四辺形（菱形）を形づくる。牟佐（現・見瀬町《みせ》）はその真ん中にある。

見瀬には「見」が含まれ、ムサは「サのつく地名」である。ムサが〈にらみ〉や境界に関わる言葉の可能性もあると思われるが、それ以上に、ムサはタカミムスヒやカムムスヒのムスヒ（産霊）の観念と強く結びついているように思われる。

タカミムスヒは高木神《たかぎの》という別名をもっているので、「高き神＝最高神」の意味合いもありそうだ。すると、タカミムスヒは「最高のムスヒ」の意味になる。前章で、タカミムスヒは「霊力（ヒ）を生み出す神」であると推測した。タカミムスヒから最高神の形容「タカミ」を取ると、核心となる観念は「産霊《むすひ》・産巣日《むすひ》」ということになるだろう。

『岩波古語辞典』は「霊《ひ》」について次のように説明している。

《ひ【霊】〈ヒ（日）と同根〉原始的な霊格の一。活力のもととなる不思議な力。太陽神の信仰によって成立した観念》

霊力の神・タカミムスヒから太陽の神・アマテラスへ高天原の最高神が交替した件は、先にヒ（霊）からヒ（日）へ信仰の対象が変化した可能性を考えた。

タカミムスヒ（高皇産霊）とカムムスヒ（神産霊）の違いはわかりにくいが、神話では二度も殺された大国主の命をカムムスヒに遣わされた貝の女神が「母の乳汁」で蘇らせているので、カムムスヒは女神ではないかという説もある。わたしも同感だ。

霊を産す「ムスヒ」の聖域「ムサ」

高天原の最高神や初めてヤマト入りした勢力と関わりのあるムサは、「最高の霊力」を産み出す空間として選ばれた場所のようである。おそらく、吉備から来た天津神は、そこを自分たちにとって特別な「産霊《むすひ》・産巣日《むすひ》の聖域」と見なした。

ムサの地に次のような〈重要物〉が配置されたのは、ムサがカンナビの中枢であり、最高神の牟《む》佐坐《さにます》神社の地が「中枢の中の中枢」だった状況を物語る。

▼橿原《かしはら》宮伝承地――現在の橿原神宮（奈良県橿原市久米町）
▼牟《む》佐坐《さにます》神社――祭神・タカミムスヒ（橿原市見瀬町）
▼神武天皇陵――畝傍山東北陵（橿原市大久保町）
▼孝元天皇陵――劒池嶋上陵《つるぎのいけのしまのえのみささぎ》（橿原市石川町）
▼久米氏の本拠地――久《く》米御縣《めのみあがた》神社（橿原市久米町）
▼大伴氏の本拠地――鳥坂《とりさか》神社（橿原市鳥屋町）
▼忌部氏の本拠地――忌部山（橿原市光陽町）

ムサは、初代天皇が初めて宮殿を建てた神武政権の中枢の伝承地であり、そこに最高神を祀る神社が創建され、さらには『記・紀』が神武天皇に率いられていたと記す軍事豪族たちの本拠地が置かれていた。

ここで、実在性には疑問をもたれている神武天皇を、モデルの可能性のある孝元天皇に置き換え、二～三世紀に牟佐に孝元政権が打ち立てられたと仮定すると、状況証拠を積み重ねた推論ではあるが、いくらか史実に近づくことができるかもしれない。

ムサで「初代天皇が即位した」という『記・紀』の主張には、必ずしも根もない話とは決めつけられない〈真実〉が含まれていると思われるからだ。

出雲のカンナビでは、形づくられる四辺形の真ん中は宍道湖だったが、それにくらべると、大和ではカンナビの四辺形の中心に、いかにも〈王権の中枢〉らしい気配が浮き彫りにされてくる。

飛鳥の石像物である亀石の解説に、四至《しし》（四方の境界）の標石の話が出てきた。亀石は牟佐坐《むさにます》神社の東およそ一・五キロの場所に位置していて、ここも牟佐の地の範囲内と考えてよさそうである。

ところで、ムサがカンナビの四辺形の中枢で、四辺形の内部は「にらみ」や「見張り」というより、新たな支配者である天津神が降臨して支配した聖域・神域と位置づけられていたとすると、カンナビの解釈にも修正が求められるかもしれない。

ここまで、カンナビのナビというのは、四辺のイメージに通じる「神辺《かんなべ》」のナベ（辺）に加えて、「神隠《かんなび》＝神を隠《こも》らせる」ではないかとも考えてきた。これは志谷奥《しだにおく》遺跡や加茂岩倉遺跡など、銅鐸を葬り去って監視していた気配にもとづく解釈である。

出雲では、神社の神紋や神目山の存在から、国津神の祟りを恐れ、それを防ごうと亀甲や「神の目」を魔除けに用いた天津神の狙いが読み取れた。

和風名にクニクルを含む第八代孝元天皇が、新しい統一国家の本拠地を吉備から大

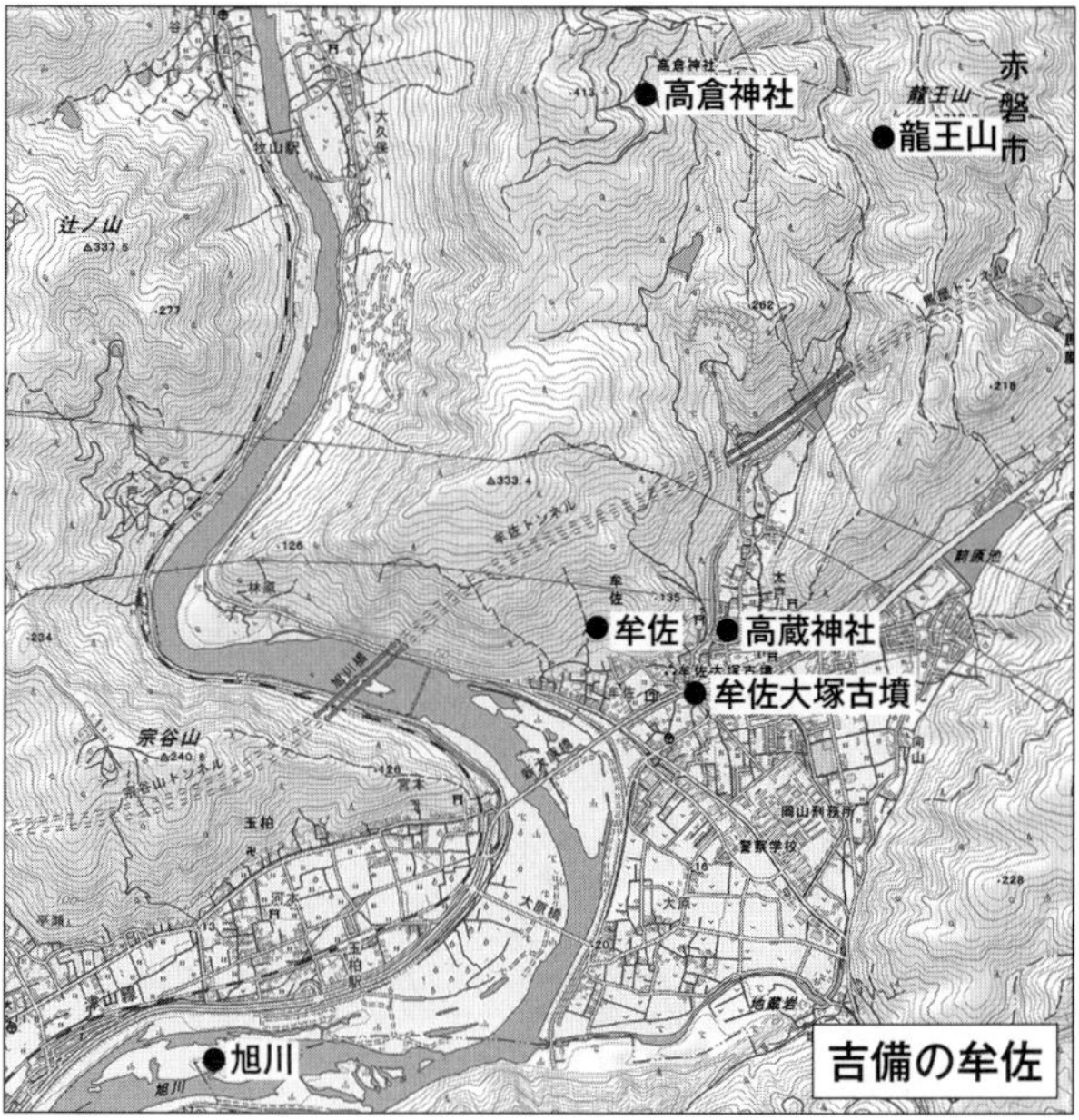

吉備の牟佐

和へ移した可能性について述べてきたが、その大和では、孫にあたる第十代崇神《すじん》天皇の時代に疫病で人口の半ばが失われたと『記・紀』に記され、ひじょうに怖ろしい祟りがあったと言い伝えられていたことがわかる。

　疫病の流行以後は、崇神天皇は宮中で祀っていたアマテラスを外部へ遷す行動をとったり、大物主が夢に現われて自分を三輪山に祀るように告げるなど、疫病が終焉するまでの出来事がかなり詳しく記録されている。

つまり、大和では天津神の「最高の神」が、ムサという「最高の空間」に祀られたが、同じ空間の内部で、カンナビ山に設定した三輪山の神によって、怖ろしい祟りが起こったとも伝えられたわけである。

さらに、『日本書紀』は崇神天皇を初代天皇と解釈できるハツクニシラシシ天皇と記し、政権交替をほのめかしているとも受け取れる。あるいは、カンナビの四辺形の内部で、天津神の勢力同士が対立する内紛が起こり、崇神政権が誕生したのかもしれない。

不明な点はなお多いが、ここでは、四辺形のカンナビは魔除けの機能で祟りを封じる〈呪術空間〉と見なし、四辺形の中心にある最高の王権の中枢ともいえるムサは、〈高天原〉の神が降臨して統治するのにふさわしい霊力が生み出される場所だったととらえておこう。

ムサが〈ムスヒの聖域の中枢〉の意味だとわかると、この地名の命名者はタカミムスヒを最高神として信仰し、カンナビの観念をもって各地へ進出を果たした吉備の勢力だったことに疑いはなくなってくる。したがって、神目《かんのめ》やカンナビと同じく、ムサの発祥の地も吉備にあると予測することができるが、事実、岡山市北区には「大和の牟佐」とまったく同じ牟佐《むさ》という地名があるのだ。

和珥氏と物部氏の出自を教える二つの石上神社

「吉備の牟佐」は、流れが大きく湾曲する旭川のほとりに位置している。周囲を山に囲まれ、平地は多くない。それでも、ここは岡山平野と赤磐《あかいわ》市、さらにその北にある美作をつなぐ交通の要衝であることが地図からもわかるはずだ。また、牟佐の周辺地域の大きな特徴として、「大和との強い結びつき」を挙げることができる。

まずは、その結びつきから見ていきたい。赤磐市には赤坂《あかさか》という地がある。一方、奈良県天理市和爾《わに》町に赤坂比古《あかさかひこ》を祀る和爾坐赤阪比古《わにますあかさかひこ》神社が鎮座している。

天理市の和爾は古代豪族の和珥《わに》氏の本拠地であるとともに、赤坂は赤坂比古を信仰した和珥氏の代名詞ともされる。同じ天理市の布留《ふる》町には、古代の軍事豪族を代表する存在の物部氏が奉斎し、ヤマト政権の武器庫の役割を果たしたといわれてきた石《いその》上神宮《かみじんぐう》が鎮座している。物部氏の本宗家は、この氏社にちなんで氏名を石上と改めた。

そして、『延喜式』の吉備国赤坂郡には石上布都魂《いそのかみふつみたま》神社が掲載され、ちょうど吉備の赤磐市にあたる赤坂郡が、天理市和爾町からもさほど距離のない大和の石上神宮の原点だった可能性が浮かび上がるのだ。

▼和爾坐赤阪比古《わにますあかさかひこ》神社（奈良県天理市和爾町）――祭神・赤坂比古《あかさかひこ》

○祖神を祀る和珥氏の本拠地

▼石上布都魂《いそのかみふつみたま》神社（吉備国赤坂郡＝岡山県赤磐市石上字風呂谷）――祭神・スサノオ
○スサノオに退治されたヤマタノオロチから出てきた剣を祀っていた
▼石上神宮《いそのかみじんぐう》（天理市布留町）――祭神・布都御魂《ふつのみたま》大神《おおかみ》
○物部氏が奉斎した神社でヤマト政権の武器庫とされる

第一に、「大和の赤坂」の祭神と「吉備の赤坂」の地名が重なり、第二に、神社名として「大和の石上」と「吉備の石上」が重なる。第三に、石上神社は武器としての剣を祀り、「吉備の石上」にはヤマタノオロチの体内から出たとされる剣が祀られていた。

いくらか入り組んだ関係になっているが、和珥氏や物部氏の故郷が吉備にあり、「剣の信仰」をもっていた和珥氏や物部氏が吉備から大和へ進出してきたと考えれば、これらの地名・神名・神社名の重なりが説明できそうである。

「剣の信仰」に関連して、出雲神話にはフツヌシという物部氏の祖神が、タケミカヅチとともに大国主に国譲りを迫る話が出てくる。のちに朝廷の武器庫を管理する役目を担う物部氏は軍事豪族の大物で、祖神のフツヌシは「剣の神」である。フツヌシの神話も、実際は吉備にいた物部氏が出雲に国譲りを迫った史実を『記・紀』が高天原《たかまのはら》と出雲の話に置き換えたと解釈すると筋が通るのだ。

また、スサノオがヤマタノオロチを退治したとき体内から出てきたという「草薙《くさなぎ》の剣」が、その後に、三種《さんしゅ》の神器《じんぎ》の一つとして熱田《あつた》神宮の宝剣になったと伝えられている。『日本書紀』の一書はこの剣を「いま吉備の神部《かんべ》の許《もと》にあり。出雲の簸《ひ》の川上の山これなり」と記している。

肥《ひ》の川とも表記される簸《ひ》の川は現在の斐伊川《ひいかわ》を指しているが、ヒは日とも同根とされる「霊」、言葉を換えると「活力のもととなる不思議な力」である。後述するように、武蔵（埼玉県）にある出雲系とされている大宮氷川《ひかわ》神社の氷川も、やはり同じ川の表現だ。

『記・紀』は、スサノオが天上の高天原から天降ってたどり着いたはずの「簸《ひ》の川」の上流に、「吉備のカンベ」があると一書に記した。この記述は、スサノオのいた高天原が、じつは吉備だったことを匂わせているわけである。

ムサの本題に入る前に、前置きがかなり長くなってしまったが、「吉備の牟佐《むさ》」の地名は、そういう三種の神器の剣を祀っていたという赤磐市石上の石上布都魂《いそのかみふつみたま》神社と同じ赤磐市に存在する地名である。

武蔵の国名も吉備のムサに由来する

「吉備の牟佐」と「大和の牟佐」を見くらべると、大和の牟佐（橿原市見瀬町）に見瀬丸山古墳があるように、吉備にも牟佐大塚古墳がある。

見瀬丸山古墳は欽明《きんめい》天皇陵説が唱えられ、それが確実視される六世紀末の大型前方後円墳である。牟佐大塚古墳も六世紀末の大型円墳で、岡山県の「三大巨石墳」の一つといわれる。

見瀬丸山古墳は宮内庁が「畝傍陵墓参考地」とし、以前から、実際に〈天皇陵〉だった可能性がきわめて高いと見なされてきた。

牟佐大塚古墳の被葬者も、吉備の水運や交通の要衝を押さえていた実力者と考えられる。このように、「大和の牟佐」と「吉備の牟佐」の両方に巨大な古墳が存在するのは、〈ムスヒの聖域〉であるムサが、六世紀頃まで「特別な空間」でありつづけた状況を意味するだろう。

他所とは違う聖域として選ばれた気配は、「吉備の牟佐」や「大和の牟佐」に限らず、日本各地にあるムサやムサシにも見られる。実際、九州から関東まで、ムサやムサシの周辺には大型の古墳が目立つのである。

たとえば、千葉県の上総にムシャ（武射）という地名がある。『和名類聚抄』に「上総国武射郡」と記載され、ムシャはムサが訛ったものだ。現在は山武《さんむ》市に含まれ、隣接する東金市に上武射田《かみむざた》と下武射田《しもむざた》という地名も残る。この武射の地には「駄《だ》ノ塚《つか》古墳」と命名された巨大な方墳があり、上武射田には武射神社が鎮座している。

▼ムサ（牟佐）奈良県橿原市見瀬町
○見瀬丸山古墳（橿原市見瀬町）――大型前方後円墳
○牟佐坐《むさにます》神社（橿原市見瀬町）――祭神・タカミムスヒ

▼ムサ（牟佐）岡山県岡山市北区牟佐《むさ》
○牟佐大塚古墳（岡山市北区牟佐）――大型円墳
○高蔵《たかくら》神社（岡山市北区牟佐）――祭神・アメノホアカリ

▼ムシャ（武射）千葉県山武市
○駄《だ》ノ塚《つか》古墳（山武《さんむ》市板附《いたつき》）――大型方墳
○武射《むしゃ》神社（東金《とうがね》市上武射田《かみむざた》）――祭神・オオナムチ〔大国主〕

九十九里浜に面した上総のムシャ（武射）は、武佐《むさ》国造が治めた国とされ、駄ノ塚古墳と呼ばれる大型方墳も、武佐国造一族の墓と考えられている。

国造（くにのみやつこ・こくぞう）は律令制以前の古い首長・支配者の呼び名で、武佐国造（牟邪臣）は大和の和邇《わに》（天理市和爾《わに》町）に本拠地をもっていた和珥氏の同族といわれる。これらの同族関係から、和珥氏はムサの命名にも関わりがあると推測され、剣の信仰を介して「大和の和珥氏」や「吉備の牟佐」は「上総の武射」とも結びついてくる。『古事記』には、牟邪臣《むさのおみ》の祖が和珥氏であるという記述もある。

さらには、ムシャのある山武市に「日向」の地名も見つかる。千葉県は宮崎県と同じく弥生時代後期（三〜四世紀）の「黥面土器《げいめんどき》（人面文土器《じんめんもんどき》）」が出土した地である。こうして、吉備に根をもち、同じ観念を共有していたと思われる天津神の文化と習俗が、東西に離れた関東のムシャと九州南部の日向の地域に広がっていった状況が推測されるわけである。

▼千葉県大崎台《おおさきだい》遺跡の黥面《げいめん》土器——吉備の天津神——宮崎県下郷《しもごう》遺跡の黥面土器

ところで、ムサは身狭・牟佐・武佐・武射などと様々に表記されている。千葉県ではムサがムシャに転じたが、上総（かみふさ・かずさ）・下総（しもふさ・しもうさ）のフサを武射から生まれた国名とする説もある。

ムサに関連する決して忘れてならない大国として、大宮氷川神社の鎮座する関東の武蔵国がある。武蔵には二百社を超える同名の氷川神社があり、なぜこれほど多くの出雲系神社が集中しているのか不思議に思われてきた。

国名のムサシ（武蔵）がどんな意味なのかについても、江戸時代から二百年以上も議論が続いている。にもかかわらず、諸説入り乱れ、江戸時代の国学者たちの議論から進展が見られず、現在に至っている。

これまでムサシが何に由来するのかが解明されなかったのは、「ムサ」との関連が気づかれなかったからではないだろうか。わたしはムサを「ムスヒ（産霊《むすひ》・産巣日《むすひ》）のムスの名詞形」と解しているが、この先、ムサシとムサは同じ系統の地名と仮定して、関連する地名や豪族名の様子を探ることにしたい。

神名に「ムスヒ」が含まれる神には、タカミムスヒのほかにカムムスヒがいる。ともに「ヒ（霊）をムス（生む）神」の性格をもつようだ。ムスコ・ムスメのムスも産むの意味だから、ムサは「活力のもととなる不思議な力の生まれる場所」で、ムサシの意味も根本は変わらないと考えられる。

ただ、語尾のシが何なのかは気になるところだ。関東にはヒとシの区別がつかない人が少なくないといわれるが、ムサシをムスヒの訛りと解釈するわけにはいかない。ムサが武蔵《むさ》と表記され、それがムサシと読まれたことで、ムサから派生したムサシが定着したのではないかとわたしは推測している。その根拠になるとはいいにくいが、「吉備の牟佐」に高蔵《たかくら》神社があるように、天津神は高床式倉庫を意味する高蔵・高倉の地名を各地に数多く残した。蔵のある場所を「最高の空間」ととらえていたふしが感じられるのだ。

「吉備の牟佐」にある高蔵《たかくら》神社の祭神は天照国照彦火命《あまてるくにてるひこほの》である。この神は『日本書紀』に天照国照彦火明命として登場するアメノホアカリの別名で、その子に天香語山《あめのかごやま》（高《たか》倉下《くらじ》）がいるとされている。

アメノホアカリは物部氏の同族といわれる尾張《おわり》氏・海部（あまべ・かいふ）氏の祖神であり、「吉備の牟佐」は尾張氏の故地かもしれない尾針《おはり》神社に近く、ホアカリのホは火やムスヒのヒ（霊）にも通じている観念である。

岐阜・愛知に進出した尾張氏・海部氏は海人族系の勢力と見られ、伊勢湾の周辺に密集する二～三世紀の黥面土器は、彼らの祖先がつくっていた可能性がありそうだ。

「吉備の牟佐」でもう一つ注目されるのは、神武東征の途上で神武天皇が長期滞在したという「高島宮《たかしま》」の伝承地が「吉備の牟佐」に近いことである。これも、大和のムサに進出して王権を打ち立てた吉備の勢力が、ムスヒの観念を背負ったムサの地名を大和へ運んだ状況を物語るのではないだろうか。

「吉備の牟佐」は、備前を流れる旭川流域にあり、備中を流れる足守川流域の楯築遺跡と一五キロ程度の距離がある。これは、奈良盆地でいえば三輪山と葛城のカンナビの距離にすぎないので、同一文化圏と見なすことができそうである。

以上の考察から、ムサやムサシ、さらにはその根源ともいえる〈ムスヒの聖域〉の原点も吉備にあったと結論してよさそうである。その補強も兼ねて、ここからは各地のムサ・ムサシと吉備の関連を点検していこう。

「武佐宿」として知られた近江八幡のムサ

ムサの地名は、のちに東山道に含まれて近畿と呼ばれる近江にも運ばれている。「近江の武佐《むさ》」は滋賀県近江八幡市にある。ご存じのように、この地は中山道の六六番目の宿場「武佐宿」である。近江鉄道の武佐駅があり、近くの牟佐神社には、カンナビとの関わりがきわめて深い国津神の事代主が祀られている。

▼ムサ（武佐）滋賀県近江《おうみ》八幡《はちまん》市武佐《むさ》町
○牟佐《むさ》神社（近江八幡市武佐町）——祭神・事代主
○沙沙貴《ささき》神社（近江八幡市安土町）——祭神・少彦名
○雪野山《ゆきのやま》古墳（蒲生郡竜王町川守）——大型前方後円墳

出雲国でも、神目山《かんのめやま》やカンナビが監視対象に定めて警戒していたのは、大国主・事代主・サルタヒコを祀る神社だった。

大国主は出雲大社や大神《おおみわ》神社などの大きな神社に祀られ、事代主を祀る神社は規模こそそれに劣るが、淡路や阿波などでより多くの神社に祀られていた。

大和のカンナビでは、三諸《みもろ》の神名備山の祭神が「大物主《おおものぬし》＝大国主」、葛木《かつらぎ》の鴨《かも》の神奈備の祭神が「阿遅志貴高日子根《あじしきたかひこね》＝大国主の子」で、残る二つの飛鳥の神奈備と宇奈《うな》提《で》〔河俣神社《かわまた》〕の祭神が事代主である。すべて出雲系に分類される神であり、その半数が事代主ということになる。

さて、ムサは本来、事代主に代表される国津神の力を押さえつけ、天津神の活力を高めるような〈ムスヒの聖域〉の地名と考えられる。神武天皇が即位した伝承のある「大和のムサ」が畿内の橿原に置かれ、その他の地域にも、豪族たちが「にらみ」をきかせる拠点を配置していったと思われる。その一つ、「近江の武佐」に君臨していた有力者が、武佐の南およそ四キロの雪野山《ゆきのやま》に葬られた人物ではないかとわたしはにらんでいる。

雪野山には墳丘長七〇メートルの前方後円墳がある。しかも、雪野山のおよそ西九キロの場所が、日本一大きな銅鐸が出土したことで知られる大岩山《おおいわやま》遺跡なのだ。

このことから、大岩山遺跡に銅鐸を葬って呪力を封じ込めた天津神が「近江の武佐」に根を下ろし、かつて銅鐸祭祀が行なわれた空間を見張っていた可能性が高まる。その勢力を率いた権力者が雪野山に葬られたとわたしは思うのだが、そのことを裏づけるように、「近江の武佐」にも吉備との深い関係を示す地名が見つかるのだ。

雪野山古墳は「竜王町」にある。町名は竜王山という山の名にちなんでいる。同じ名をもつ龍王山が「吉備の牟佐」の高蔵神社の裏にもあり、さらには大和の三輪山の北方の山も龍王山なのだ。あたかもムサに連れ添うように龍王山が現われるのはなぜなのだろう。それは、ムサの設置と同じ頃に、山が命名されたからのようである。

三輪山の北の龍王山は橿原《かしはら》のムサからはいくぶん離れているが、龍王山の西およそ五キロの地には、ムサ（牟佐）とは異なる武蔵（天理市武蔵町）の地名も残っている。「大和の龍王山」の麓にも巨大な前方後円墳が存在し、これが崇神《すじん》天皇陵と伝えられてきた行燈山《あんどんやま》古墳である。

▼龍王山（吉備の牟佐）――三一二m
▼龍王山（大和の牟佐）――五八五m
▼龍（竜）王山（近江の武佐）
○鏡　山（西の龍王山）――三八四m
○雪野山（東の龍王山）――三〇八m

龍王山と呼ばれる山も、原点はムサの地名と同じく吉備にあり、弥生時代の終わりから古墳時代にかけて各地へこの山の名が運ばれていったようである。実際、吉備に

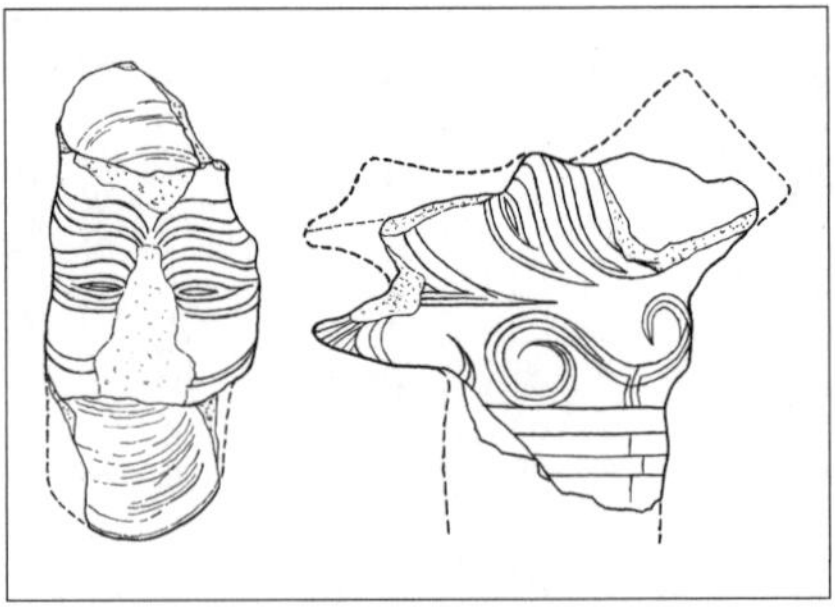

龍形土器（春成秀爾「変幻する龍」より）

は龍王山の数が驚くほど多い。国土地理院の地図で調べると、全国に「六三座」ある龍王山のうち、六割近い「三五座」が岡山県と広島県東部に集中している。

　龍は中国大陸で生まれた架空の動物で、中国の四神では青龍が東方の守護神とされ、龍は〈帝王〉を象徴すると考えられた。道教で龍王信仰が始まり、のちに仏教の八大龍王に取り込まれたといわれるが、吉備国には弥生時代に龍のイメージが伝えられていた証拠が残っている。

　龍のイメージの伝来については、『ものがたり日本列島に生きた人たち5　絵画』（岩波書店、二〇〇〇年）に収められた春成秀爾《はるなりひでじ》氏の「変幻する龍――弥生土器・銅鏡・古墳の絵――」に詳しい説明がある。吉備の楯築遺跡に近い倉敷市矢《や》部《べ》で、弥生時代（一～二世紀）につくられたと見られる龍の形をした土製品**（上図）**が出てきた話を中心に、中国から吉備に伝えられた龍のイメージが土器の絵画の形で大阪湾周辺などへ広まっていった様子を追跡したものだ。

春成氏は楯築遺跡に伝えられた亀石の「人面」について、《弧帯文は、S字形にくねらせた龍の身体を複雑にあらわしたものとみれば、これは人面をもつ龍の形象品かもしれません》と、注目すべき指摘を行なっている。

吉備では、頭は人で身体は龍という「人面龍身」を描いた土器が、楯築遺跡に近い岡山市の足守川加茂遺跡や総社市の横寺遺跡から出土している。「人面龍身」は吉備でしか出ていないことから、龍のイメージに触発されて吉備で誕生した観念のようである。

龍王山が、あたかも「神の目」やムサに連れ添っているように見えたのは、これらの観念が吉備の天津神によって各地へ運ばれたからなのだ。

それにしても、どういう経緯で龍や龍王のイメージが、中国から弥生時代の吉備へと伝えられたのだろうか？　ムサの話からやや離れるが、龍や龍王とともに、どういう文化が伝えられたのか、春成氏の論考に沿って見ていきたい。

後漢から龍と貨泉を持ち帰った〈岡山の弥生人〉

「変幻する龍」には、一世紀から二世紀にかけての弥生時代、中国生まれの「龍の立体的なイメージ」がすでに吉備に伝わっていたことが明らかにされている。

春成氏は次のように述べる。

《龍形土器が見つかった矢部は、後世の吉備津に近接した位置にあります。倉敷市の上東《じようとう》からは、同じ弥生時代後期の船着場の跡が発掘されていますし、ほど近い岡山市の高塚からは一世紀（新）の中国の銅銭（貨泉《かせん》）が二五枚も出土しています。一、二世紀の岡山の港津は、中国に向けても開いていたのでした。

岡山は、大阪（河内・摂津・和泉）・奈良（大和）と並んで龍を描いた弥生土器がたくさん見つかっています。吉備の津に龍をかたどった青銅製品が中国からはいってきて、岡山の弥生人は龍を祭り始めたというのが私の想像です》

楯築遺跡の南に位置する上東遺跡は、巨大な集落の跡地と考えられており、黥面土器が出土している。そして、この周辺にあった弥生時代後期の船着場が吉備津と呼ばれていた可能性が高いといわれる。龍形土器が出たのは、上東遺跡の北約二キロの矢部で、矢部の北方およそ一キロの津寺遺跡からも黥面土器が出土した。

貨泉《かせん》が出た高塚遺跡は、津寺遺跡の北方に位置する。これらの遺跡は足守川流域に属し、津寺も吉備津周辺にあった寺の名にちなむ地名のようである。

春成氏は、《龍をかたどった青銅製品が中国からはいってきて、岡山の弥生人は龍を祭り始めた》と述べている。では、この龍はいったい誰がどのように吉備へ持ち込んだのだろうか？

高塚遺跡から上東遺跡に至る一帯は、貨泉の出土枚数が日本一の遺跡や、弥生時代では最大の墳丘墓で知られ、矢部からは他に類例のない立体的な龍形土器が発見されている。ここは遺跡が集中するだけでなく、きわめて特異な空間なのである。

一世紀の貨泉が出た高塚遺跡は足守《あしもり》川・血《ち》吸《すい》川・砂川《すなかわ》という三つの川が合流する地点にある。古代には、川の合流点に「水運を支配する海人《あま》の首長」が住んでいたといわれる。理由は、航行する船がどこへ行くのかを見張るためだ。

「ここでしか出ない」といわれる考古学遺物が発見された特異な空間は、まさに〈吉備の大首長〉と呼ばれるような「日本列島の最有力者」が本拠地としていた中枢部と考えられる。そして、その〈大首長〉が中国大陸から文化を取り入れていたとすると、航海に長けた「水運を支配する海人の首長」でもあったにちがいない。

以上のことから、楯築遺跡の被葬者と考えられる巨大な権力をもつ吉備の首長が、弥生時代（一～二世紀）に後漢の〈帝王＝皇帝〉に朝貢し、龍の置物のような立体的な造形物と想像されるものを下賜された可能性が浮上してくるのである。

大和の牟佐と近江の武佐に本拠を置いた阿倍氏

話を龍と龍王に戻そう。ムサという〈ムスヒの聖域〉が、吉備から大和、さらに近江へと拡散していき、そのムサの周辺で選ばれたらしい特定の山が〈帝王の山〉を意味する龍王山と名づけられた。近江の武佐では、銅鐸遺跡の近くにある鏡山が西の龍王山、山上に古墳のある雪野山が東の龍王山と呼ばれるようになった。そして、近江の武佐の近くに沙沙貴《ささき》神社があり、後述するように、「ササ」は「帥升《すいしょう》」にいくぶん読みが通じる言葉なのだ。

沙沙貴神社は近江源氏と呼ばれる佐々木氏が奉斎した少彦名・大彦などを祀り、佐々木氏からは鎌倉・南北朝時代の「婆娑羅《ばさら》大名」として有名な佐々木道誉《ささきどうよ》が出ている。

佐々木氏はのちに嫡流の六角氏と傍流の京極氏に分かれた。六角という名字は亀甲形の「へそ石」がある京都の頂法寺《ちょうほうじ》（六角堂《ろっかくどう》）に由来し、背景には不明な点があるものの、一章で探った「亀甲」と深い関わりがあることは間違いない。

沙沙貴神社に祀られる大彦は孝元天皇の子でアベ氏の祖とされる。大彦は孝元天皇の弟の吉備津彦とともに四道将軍に任命された伝承をもっており、近江の佐々木氏は大彦の末裔とも伝えられてきた。

加えて、ササキ（沙沙貴・佐々木）も佐伯と同じ「塞ぎる」に通じる「サのつく名」である。阿倍氏は近江の武佐にも基盤をもった豪族ではあるものの、中央豪族としての阿倍氏の本拠地は、三輪山の南麓に近い桜井《さくらい》市阿部《あべ》である。

そこは三輪山麓に近く、阿部は「大和のムサ」の橿原からは少し離れているが、大和のカンナビが形づくる菱形の四辺形の内側に位置している。だから、阿倍氏も「大和のムサ」に本拠地をもっていた有力豪族であり、それ以外にも「近江の武佐」などに縄張りを広げていたわけである。

　そのような大和と近江の両方のムサに深く関わる阿部氏の祖の大彦が北陸へ派遣され、同じく四道将軍に任命された桃太郎のモデルの吉備津彦は、吉備へ派遣されたと『記・紀』は記している。大彦の子の武渟川別《たけぬなかわわけ》を含めて、四道将軍は四名いたという。

▼四道将軍とされる四人の顔ぶれ
○吉備津彦《きびつひこ》——孝霊天皇の子（吉備氏の祖）——吉備へ派遣
○大彦《おおひこ》——孝元天皇の子（娘の御間城姫《みまきひめ》が崇神《すじん》皇后）——北陸へ派遣
○武渟川別《たけぬなかわわけ》——大彦の子（阿倍氏の祖）——東海へ派遣
○丹波道主《たにわのみちぬし》——崇神天皇の甥（娘の日葉酢媛《ひばすひめ》が垂仁《すいにん》皇后）——丹波へ派遣

　四方面へ派遣されたと伝えられる四道将軍は、見るからに神話的な人物ではあるけれど、武射国造の同族といわれる和珥氏や阿倍氏などムサと関わりの深い豪族が、広い範囲に足跡を残しているのも事実である。しかも、ムサは出現期の古墳とも分布が重なり、同じ観念をもつ吉備の同族が、同じ地名を残しながら領土を広げた状況を物語っている。

　吉備に密集する龍王山が大和や近江にも広がったのは、中国から龍の概念を取り入れた吉備に出自をもつ豪族が、自分たちは神々に選ばれた「龍王の一族」であるという認識をもっていたからではないかと思われる。

その意味で注目されるのが、五世紀から六世紀にかけての頃、『記・紀』が后妃を多く出した豪族として記している和珥氏である。和珥氏の名は動物のワニに通じ、爬虫類のワニも龍に近いイメージをもっているからだ。もしかすると、和珥氏の氏族名は「龍王」にちなむのかもしれない。

なお、大彦が派遣されたという北陸のさらに東北にあたる秋田県雄物川《おものがわ》流域に生目《いくめ》神社が鎮座している。その男鹿《おが》半島周辺には、男鹿市船川港仁井山《ふながわみなとにいやま》に「馬生目《ばしょうめ》」という「目と馬のつく地名」があり、馬生目の近くには「古四王《こしおう》神社」と呼ばれる「四道将軍と大彦を祀る神社」もある。

こうした四道将軍の伝承をもつ阿倍氏と「目」のつく地名の重なりも、偶然そうなったわけではないだろう。阿倍氏の一族には、六世紀の敏達《びだつ》天皇の時代、その名もずばり「阿倍目《あべのめ》」という人物も存在した。

雄物川流域には、生目《いくめ》のほかにも複数の百目木《どうめき》の地名がある。これは、北陸方面への大彦の派遣や、阿倍目《あべのめ》の子という説もある七世紀の将軍・阿倍比羅夫《あべのひらふ》の蝦夷地（北海道）遠征との関わりから説明できそうである。次章で取り上げるように、阿倍比羅夫の足跡は、西方の朝鮮半島にも及んでいる。

ムサの空間を仕切った吉備出身の豪族たち

『日本書紀』垂仁天皇二十五年の条には、阿倍《あべ》臣の祖・和珥《わに》臣の祖・中臣《なかとみ》連の祖・物《もの》部《のべ》連の祖・大伴《おおとも》連の祖の五人が「五《いつ》の大夫（たいふ・まえつきみ）」に任命されたと記されている。この記述は、素直に解釈すれば、阿倍氏・和珥氏・中臣氏・物部氏・大伴氏が古くからヤマト政権を支えた有力豪族だったことを物語る。

筆頭に顔を出す阿倍氏は安倍・安部・阿部など表記はいろいろに分かれるが、大彦の子孫と名乗る別名の同族もまた多い。阿倍の姓だけに限っても、阿倍比羅夫や阿倍仲麻呂のほか、系譜に不明な点はあるものの、五芒星《ごぼうせい》（晴明紋《せいめいもん》）を魔除けに使ったといわれている陰陽師《おんみょうじ》の安倍晴明《あべのせいめい》がいる。陰陽道は、安倍晴明の末裔を称した土御門《つちみかど》氏が専門職として世襲したといわれる。

二番目の和珥氏は、阿倍氏の祖である大彦の四代前の祖先・孝昭天皇の子孫と称した。この点でも、和珥氏は「吉備の龍王の嫡流」に近いといえそうな位置にいたようだ。和珥氏も和邇《わに》・丸邇《わに》・和爾《わに》などと多様に表記され、本拠地は大和の和爾《わに》（天理市和爾町）にあったが、琵琶湖のほとりの近江の和邇《わに》（大津市和邇）にも勢力を伸ばしていた。

アベはアマベ（海人部《あまべ》・海部《あまべ》）に通じ、ワニ氏も海人的な名をもつので、ともに海人族系の豪族と見なされている。大和と近江の両方に拠点をもつ点を含め、ワニ氏と

甲骨文の「臣」

アベ氏には共通点が多く、古くから行動をともにしていた気配が感じられる。

残る中臣氏・物部氏・大伴氏のうち、物部氏と大伴氏は久米氏や佐伯氏と同じ軍事警察的な職掌を担っていた。『記・紀』は久米氏が黥面だったことを記しているが、大伴氏・物部氏の顔についてはふれていない。しかし、『魏志』倭人伝は「男子は大小となく皆黥面文身」と記し、身分の上下にかかわらず入れ墨をしていたと解釈でき、大夫と名乗っていた彼らも、時代を溯れば黥面だったはずである。

冒頭に示した分布図に示されているように、二~三世紀の黥面土器は「瀬戸内海の岡山・香川周辺」と「伊勢湾の岐阜・愛知周辺」に集中している。いずれも吉備の天津神と見られる海人族系の勢力が進出した地域であり、伊勢湾には物部氏の同族とされる尾張氏・海部氏が根を下ろしていた。

結論として、海人族的な性格をもつ阿倍氏・和珥氏、あるいは軍事豪族と呼ばれる大伴氏・物部氏にかぎらず、「五《いつ》の大夫」に名を連ねていた古参の中央豪族たちは、黥面の海人族系の集団と見なしてよいのではないだろうか。

彼らの始祖は弥生時代に吉備の瀬戸内海沿岸で力を蓄え、その後、山陰・近畿・東海へ進出して各地のムサに拠点を置きながら古代王権を成立させていったと考えられるのだ。

なお、「五の大夫」のうちでも中臣氏《なかとみ》は、中臣（藤原）鎌足以降の藤原氏が朝廷全体を牛耳ることになったため、『記・紀』などの史書の内容は「過去に遡って中臣氏の業績が捏造されている」といった議論がたいそう盛んである。そういう観点に立つと、中臣氏の始祖とされる大鹿嶋《おおかしま》が「五の大夫」に含まれる話も大いに怪しまれるかもしれない。

中臣《なかとみ》は「神との仲《なか》をとりもつ」意味があるとか、中臣氏は卜占《ぼくせん》を専門職とする卜部《うらべ》氏の出であるといった議論が行なわれてきた。ただ、中臣の姓に「臣」の字が含まれていることは注目してよいと思う。オミと読める「臣」の漢字は、右図で示したような目の象形文字で、「見と目」の意味を秘めた漢字だからだ。

ここまで様子を見てきた古代豪族の名や、関連する地名にもとづいて考えるなら、氏族名に「目」とのつながりを秘めていると思われる中臣氏も、「神の目」の観念を背負った「吉備の勢力」の一員と見なしてよいのではないかとわたしは思う。

ムサシに転じた「特別な空間」ムサ

吉備の豪族たちは、古墳を築造する場所にムサの地を選んだ。大和のムサは古墳だらけと表現してよい場所だが、吉備の牟佐や近江の武佐にも大型古墳がつくられた。もともと特別の空間として〈ムスヒの聖域〉が設置されたのだから、これは当然かもしれない。

なお、ムサから転じたと思われるムサシの表記は、のちに「武蔵」に統一されていくが、无邪志・牟邪志・牟射志・胸刺などとも表記されてきた。

「吉備の牟佐」に高蔵《たかくら》神社が鎮座し、天津神が蔵や倉を好んだことはすでに述べたが、「近江の武佐」には倉橋の地名が残るものの、いろいろなムサシの表記が「武蔵」に収束されていく理由はわからない。

武蔵と表記されるムサシには、次のようなものがある。

▼武蔵（大和国）奈良県天理市武蔵町
▼武蔵野（大和国）奈良県奈良市春日野町〔若草山〕
▼武蔵（豊後国）大分県国東市武蔵町
▼武蔵（筑前国）福岡県筑紫野市武蔵
▼武蔵国（武蔵国）埼玉県・東京都・神奈川県

天理市の武蔵は、銅鐸鋳型の出土した唐古《からこ》・鍵《かぎ》遺跡に近い。唐古・鍵遺跡は奈良盆地の中央にある弥生時代を代表する大規模な環濠集落で、楼閣《ろうかく》と解せる建物の描かれた土器の出土で話題になった遺跡である。大型建物の跡地が発見されていることから、九州の吉野ヶ里遺跡に匹敵する「弥生時代の都市」と見なされている。唐古・鍵遺跡は、弥生時代の後期まで発展が続いたものの、古墳時代に急激に衰退し、その後は墓域にされてしまったことがわかっている。

以上の状況からおぼろげながらに浮かび上がるのは、唐古・鍵遺跡の周辺では、国津神の銅鐸信仰の拠点ともいえる場所が滅ぼされ、新たな天津神の縄張りとしてムサシが設置されたのではないかということだ。

その「天理市の武蔵」から北へおよそ一五キロのところに若草山があり、この地も武蔵野と呼ばれていたと伝えられる。

天理には和珥氏の本拠地である大和の和爾《わに》（天理市和爾町《わに》）があったのに対し、若草山周辺は、和珥氏から分かれた春日《かすが》氏の本拠地だった。春日氏は、ある時期に「春日和珥《かすがわに》」とも名乗っているので、氏族名の変更を伴う主導権交代のような何らかの出来事が同族の内部で起こったとも考えられる。

その後、春日氏があらためて和珥氏の嫡流の地位を獲得し、春日氏から大宅《おおや》氏・小野《おの》氏・粟田《あわた》氏・柿本《かきのもと》氏などが分かれていく。その春日氏の本拠地が春日野《かすがの》と呼ばれた。

春日大社が建てられた若草山の武蔵野

『古今和歌集』に「読み人知らず」の次の一首がある。

春日《かすが》野《の》は　今日は　な焼きそ
若草《わかくさ》の　つまもこもれし　我もこもれり

「春日野では、今日は野焼きをしないでほしい。妻もわたしも、この野に隠っているのだから」といった意味の歌である。この和歌を受けた一首が『伊勢物語』に載っている。

武蔵野は　今日は　な焼きそ
若草《わかくさ》の　つまもこもれし　我もこもれり

右の二首は、春日野を武蔵野に置き換えただけで、ほかに違いはまったくない。『伊勢物語』の作者は春日野の歌を武蔵野の歌に変換したわけだが、「大和の春日野」を「武蔵の武蔵野」に置き換えたのではなく、大和の春日野が実際に武蔵野と呼ばれていたという解釈もできる。

ところで、社名から素直に考えると、春日大社を創建したのは和珥氏から分かれた春日氏と見られるが、中臣氏から出た藤原氏が、春日大社を自分の氏神にしようと神主の座を奪ったようである。

これは藤原氏による〈簒奪《さんだつ》〉だが、和珥氏と物部氏は同族と見られる節もあり、物部氏と中臣氏は神話の筋書きでもしばしば行動を共にしている。あるいは、かつて同族だったという関係で折り合いをつけたのかもしれない。

藤原氏（中臣氏）は、和珥氏（春日氏）が奉斎した春日神社を乗っ取ったのをはじめ、すでに述べたように、安芸の宮島の厳島神主家の座を佐伯氏から奪い、関東の地でも、阿倍氏に近い多氏が創建したと伝えられる常陸の鹿島神宮にも中臣氏の乗っ取り説が根強くある。こうした行動は、奈良時代・平安時代以降に、藤原氏が次々とライバルを追い落としながら、上層の貴族の地位と朝廷の権力を独占していった状況と見事に重なる。

じつはムサ神宮だった宇佐神宮の始まり

九州北部にも豊後と筑前に二か所の武蔵《むさし》がある。

豊後の武蔵は国東半島東部の「国東市武蔵町」で、筑前の武蔵は太宰府政庁跡の南に位置する「筑紫野市武蔵」である。

クニサキと読まれる国東半島は、半島全体が「国の境界」の意味を秘めている特異な空間のようだ。大分空港に近い東部に「武蔵町」が存在し、北部の豊後高田市《ぶんごたかだ》に「見目《みめ》」、南部の別府市には「生目町《いきめ》と生目神社《いけめ》」などがある。すなわち、武蔵と「にらみの地名」は重なり、関連があることを物語っている。

そういう国東半島の西方に、ムサに通じる響きをもつ宇佐《うさ》神宮が鎮座している。しかも、宇佐神宮は上宮と呼ぶ本殿が「亀山」と命名された丘の上に建っているのだ。亀山は「神の目」の山に由来すると思われるので、その上にある「ウサ神宮」は、本来は「ムサ神宮」だった可能性が高いのではないだろうか。

それを検証していく前に、半島の西方にある地名をざっと眺めておいたほうがよいかもしれない。

大和のムサに亀石《かめいし》をはじめとする謎めいた石像物が多かったように、国東半島の宇佐の周辺にも人為的な石像物が数え切れない。宇佐神宮の南に広がる宇佐市安心院町《あじむ》の周辺を歩いてみると、そのことが実感される。

たとえば、安心院町の佐田京《さだきょう》では「佐田京石」と呼ばれる環状の巨石群が知られる。ここは、かなりの労力が費やされた「神の目」の空間と見てよさそうで、背後の米神《こめかみ》山《やま》は、いわば「神の目だらけの山」と表現できる雰囲気をただよわせている。

宇佐市教育委員会は「佐田京石」について、次のように解説する。

《太古の祭祀場か？ 鳥居の原形か？ 埋納経の標石か？ 定説は未だありません。通路を登って左側の柵内は、マウンド中央の石柱から半円形を描くように石柱が配された環状列石と推測されます。

また、右側の柵内にはドルメン（支石墓）と思われる巨石があります。石柱の表面には、ペトログラフ（岩刻文字）の存在が指摘されています。背後にある山は、米神《こめかみ》山（標高四七五ｍ）と呼ばれ、山頂部にも環状列石（高さ五〇㎝程度の石）があります。また、ここから宇佐方面へ行った地点右側の水田中に、米神山側に先端が向いた立石があり、その上に小さな扁平石を載せたものが立っています。地元では、こしき石と呼ばれ、蓋石を取り除くと暴風になると伝え暴風石とも呼ばれています。

このように山の名やこしき石等、米に係る名が多く有りますので弥生時代の頃のものとも思われますが、定かではありません》

コメカミヤマと読む米神山を、教育委員会は米との関わりから、弥生時代につくられたのではないかと推測している。だが、米《こめ》は「メ」と読める漢字でもある。

環状列石は秋田県鹿角《かづの》市にある縄文時代の大湯《おおゆ》環状列石がたいへん有名だが、岡山にも多く、「にらみの地名」とも重なるので、安心院の石像物は弥生以降につくられ、楯築遺跡や木ノ宗山と同じ吉備の巨石文化の可能性が高そうだ。

安心院《あじむ》という風変わりな地名はアズミに由来するとわたしは考えている。アズミ氏は代表的な海人《あま》族で、豊前に隣接する筑前からは黥面土器も出土している。『日本書紀』の履中天皇条には、刑罰で額に刻んだ入れ墨を含め、阿曇目《あずみ＊め》と表現している。

一章で考察したように、久米氏や佐伯氏らの吉備の勢力が、国津神に「にらみ」をきかせながら、周辺に烏帽子岩などの巨石の建造物をつくっていったらしい。その後、同様の思想と観念をもつ呪術的なアズミの軍団が九州の国東半島に上陸し、同じように国津神に呪術的な「にらみ」をきかせながら、「神の目」の空間をつくっていったようである。

安心院の米神山は、その亀山から七キロほど南のところに位置している。米神山の山麓に佐田京石が並び、その少し南には、出雲の神目山と佐太神社の関係を思わせる配置で、同音の佐田神社が鎮座する。

佐田神社の西四キロの地には銅矛が七本出た谷迫《たにさこ》遺跡がある。また、その南には龍王という地名も見つかる。繰り返しになるが、安心院の佐田神社と米神山の組み合わせは、出雲の佐太神社と神目山の組み合わせにあまりにも似ている。

▼佐田神社（大分県宇佐市安心院町佐田）――祭神・武内宿禰《たけしうちのすくね》、スサノオ、大山祇《おおやまつみ》

○北の方角に米神山、西の方角に谷迫遺跡（銅矛七本）

▼佐太神社（島根県松江市鹿島町佐陀本郷）――祭神・サルタヒコ

○西の方角に神目山、北西の方角に志《し》谷《だに》奥《おく》遺跡（銅剣六本・銅鐸三個）

宇佐神宮の周辺に出雲や大和に配置されていたような四つのカンナビを見つけることはできない。が、米神山や亀山のほかに、宇佐神宮の禁足地《きんそくち》とされている御許山《おもとさん》（馬城嶺《まきのみね》）の山頂には神の降臨する磐座《いわくら》と見なされてきた立石が並び、大元山の別名をもつこの山は神奈備山と呼ばれてきた。

八幡神社の総本宮「宇佐」と「武蔵」の太宰府

宇佐神宮は八幡大神と称される応神天皇、比売《ひめ》大神（宗像《むなかた》三女神説も唱えられている）、神功皇后を祭神として祀る。この神社は九州北部に位置するが、日本に数万を数える八幡神社の総本社と位置づけられている。

宇佐神宮を初めて訪れる人は、「なぜこの地に、これほど大規模な神社があるのか」

＊　阿曇《あずみ》＝海部《あまべ》を管掌した豪族で、安曇とも記す。『和名抄』に載る阿曇郷（福岡県糟屋郡新宮町）に本拠を置いた。アズミの名は「あまつみ」と解されている。アベ氏の同族・膳《かしわで》氏（高橋氏）と朝廷の食膳職を担い、職をめぐって争った。東国にも進出し、信濃に安曇野《あづみの》、三河に渥美《あつみ》半島、出羽に飽海《あくみ》郡の名を残した。近江の安曇川《あどがわ》もアズミで、アドの同類語の安土《あづち》もアズミの可能性がある。

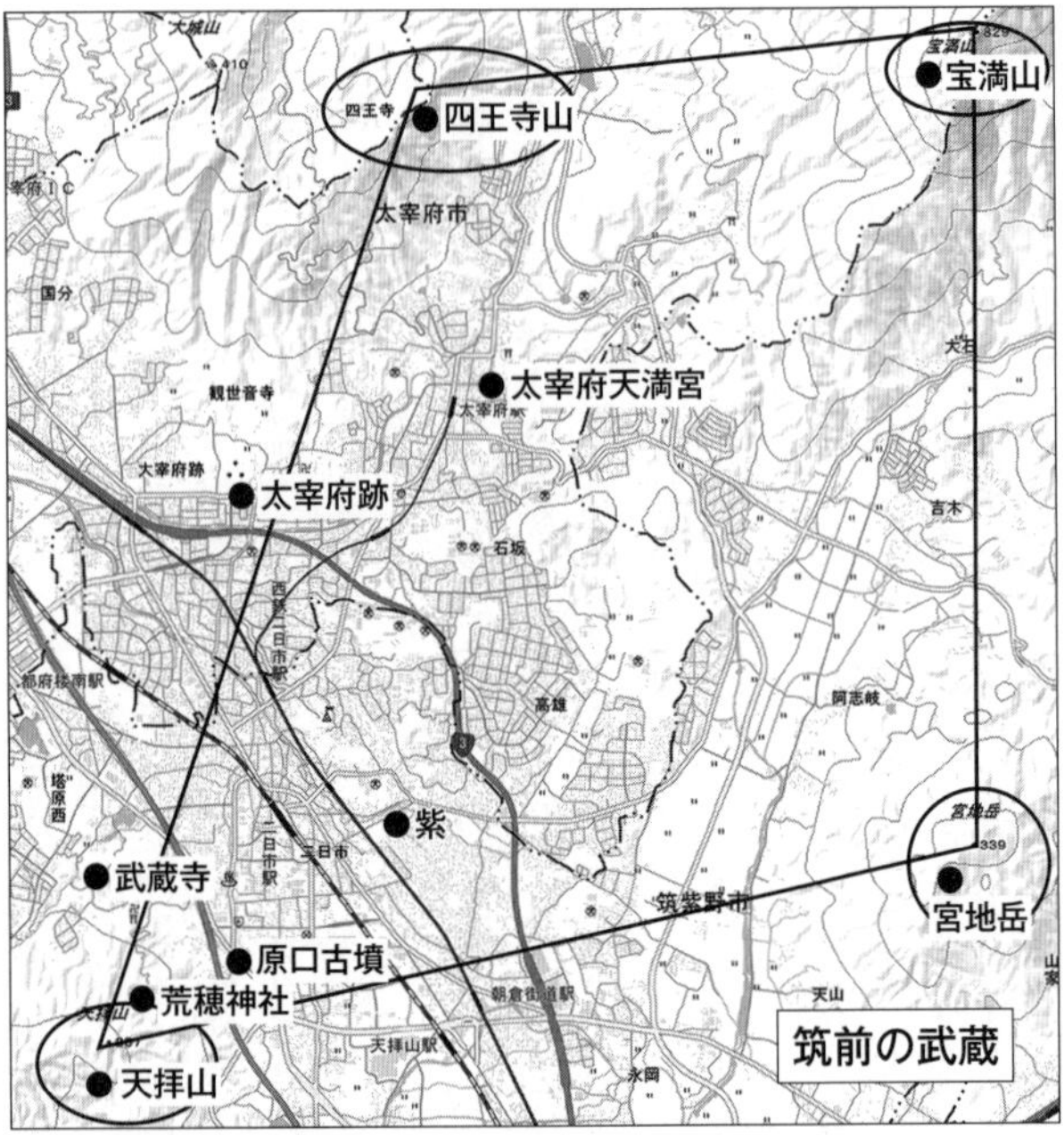

と疑問を口にするという。わたしも、初めて訪れたとき、そのように感じた。

何しろ、田んぼの中にあるような宇佐駅からぶらぶら歩いて行くと、いきなり伊勢神宮に匹敵するような神社が現われるからだ。『日本書紀』によると、神武天皇が東遷の途上、ウサツヒコという名の豪族が一柱騰宮《あしひとつあがりみや》を建てて饗応した地だという。宇佐駅と宇佐神宮のあいだの和気《わけ》にある柁《かじ》鼻《ばな》神社が、船で上陸した神武天皇の聖跡とされている。

和気は、自ら天皇になろうという野望を抱いた僧侶・弓削道鏡《ゆげのどうきょう》を失脚させた備前出身の高官・和気清麻呂《わけのきよまろ》にちなむ地名で、近くに「和気清麻呂船つなぎ石」という石も残る。

道鏡は河内国若江郡弓削郷（大阪府八尾市弓削）を本拠とした物部氏の出で、七六九年に皇位につこうとしたが、和気清麻呂に阻まれた。

さて、九州北部（筑前）にあるもう一つの武蔵（筑紫野《ちくしの》市武蔵《むさし》）の様子を眺めてみよう。

筑前の武蔵は、七世紀に九州に設置された地方行政機関「太宰府」の南に位置し、距離はおよそ三キロほど離れている。

太宰府市の北西には和珥氏から分かれた春日氏が進出した春日市がある。春日氏は「倭の奴国」の中心地だったと考えられている須玖岡本《すぐおかもと》遺跡の周辺に進出し、その南に本拠地を築いた。そして、現在はムラサキ（紫）と呼ばれる地を〈ムスヒの聖域〉であるムサと名づけたようである。

ムラサキは博多湾に注ぐ「那賀《なか》川水系」と、有明海に注ぐ「筑後川水系」の境界にあたる標高の高くない分水界である。このことも、水の流れの向きが変わる分水界が境界として意識されていた状況を物語る。

そういう空間に、のちに太宰府がつくられた。太宰府はヤマト政権の出先機関ではあるが、その地は都が置かれたのと同様の枢要な空間で、〈最高の空間〉の意味をもつ特別な聖域と見なされたにちがいない。

太宰府の南にあたる「筑前の武蔵」には天拝山《てんぱいざん》と呼ばれる聖山があり、この山名は左遷された菅原道真が無実を訴えて「天を拝した」ことから名づけられたと伝えられている。標高二五七メートルの天拝山はカンナビ山の条件を満たし、ここでは〈ムスヒの聖域〉にされたらしい「ムラサキ（紫）」が真ん中にくるような四つのカンナビ山の候補を見つけ出すことができる。

▼天拝山（福岡県筑紫野市武蔵）二五七m——武蔵寺《ぶぞうじ》・荒穂《あらほ》神社
▼四王寺《しおうじ》山（太宰府市・大野城市）四一〇m——大野城（古代山城）
▼宝満《ほうまん》山（太宰府市・筑紫野市）八二九m——別名・竈門《かまど》山（三笠《みかさ》山とも）
▼宮地《みやじ》岳（筑紫野市天山）三三八m——童男丱女岩《どうなんかんにょいわ》（徐福《じょふく》伝説の岩）

先にムラサキは分水界だと述べたが、「近江の武佐」の近くにも和歌に詠まれた紫野があり、「筑前の武蔵」にも紫や筑紫野という地名が残ったわけである。紫という地名は、ムサが訛ったという解釈だけでは片づけられないようにも思われる。

茜《あかね》さす　紫《むらさきの》野ゆき　標《しめ》野ゆき　野守《のもり》は見ずや　君が袖振る

この和歌は、「（あかねさす）紫野《むらさきの》をゆき、標野《しめの》をいって、野守は見ているではありませんか、あなたが袖を振るのを」といった意味の恋愛歌である。作者の額田王《ぬかたのおおきみ》は、天智天皇・天武天皇と〈三角関係〉にあったとされている歌人として知られるが、不明な点の多い謎めいた人物ともいわれる。

紫野はこれまでムラサキ（紫草）を植えた立入禁止の御料地と解釈されてきた。「入ってはいけない」意味をもつ地名には標野《しめの》（標野・示野・志免野）などがあり、淀川流域の禁野《きんや》（大阪府枚方市禁野《きんや》本町《ほんまち》）や榜示《ほうじ》（大阪府交野市傍示）なども「立入禁止」に結びつく「にらみをきかせる」空間のようである。

しかし、ムラサキノという地名が「筑前の武蔵」と「近江の武佐」の近くの両方に残る事実は、ムラサキノがムサや〈ムスヒの聖域〉との結びつきをもっているとしても、それだけとも思えないのだ。もしかすると、「ムサ（聖域）のサキ（境界）」といった意味を背負っているのかもしれない。

この章の締めくくりとして、顔に入れ墨をしたアズミ族との深い関係を思わせる東北の「ムサ・ウサの地名」をもう一つ紹介しておこう。

所だ。

『和名類聚抄』には「東山道出羽国飽海《あくみ》郡遊佐郷」が載っている。現在の「山形県飽《あく》海《み》郡遊佐《ゆざ》町遊佐」で、ユサ（ユザ）の読み方が古代から現在まで引き継がれている場所だ。

ユサがムサ・ウサの同類語らしいことは直観的に推測できるだろう。そして、飽海《あくみ》郡に含まれていることがアズミとの関わりを物語り、ユサとムサが同類であることを裏づけることになる。遊佐の南の鶴岡市には、アツミと読む温海《あつみ》温泉もある。

遊佐の近くには、鳥海山を神体山にもつ大物忌《おおものいみ》神社（現在は鳥海山大物忌神社）が鎮座している。祭神の大物忌神は大物主に通じる雰囲気をもち、鳥海山には「出羽の三輪山」ともいえる神奈備山の気配がある。これらを組み合わせた全体の雰囲気が、ユサがムサである状況を裏づけるという言い方ができるかもしれない。

アズミ氏との関わりとユサとムサの類似に、「出羽の三輪山」を加えると、ここが特別な空間である〈ムスヒの聖域〉に選ばれたムサであることに疑問はなくなるはずだ。

遊佐の南を日向川が流れ、今は月光《げっこう》川と対になる名としてニッコウ川と呼ばれている。しかし、ここがムサだった以上、日向《にっこう》の地名は、高千穂のある宮崎県の日向《ひゅうが》や、千葉県の山武市武射《むしゃ》にある日向《ひゅうが》と同じく、ヒの観念にもとづく命名だったようである。

次章では、思わぬところにある「神の目」の地を追いかけてみることにしよう。

第四章　カメヤマ！（亀山・釜山）——朝鮮半島にミマナを置いたのも吉備だった

「神の目」に由来する神目《かんのめ》山は時が経つにつれて亀山や釜山にも転じたらしい。釜山から、韓国第二の大都市であるプサンを思い浮かべる方も多いのではないだろうか。韓国の釜山《ぷさん》の近くに亀山《くさん》があり、そこにある遺跡から「倭系《わけい》遺物」と称される筒形銅器《つつがたどうき》などが出土した。亀山を西方へ追っていくと、朝鮮半島の南端、金海《きんめ》市にある亀山にたどり着く。

金海市は金官加羅《きんかんから》と呼ばれる国のあった地で、『魏志』倭人伝には狗邪《くや》韓国《かんこく》の呼び名で登場する。加羅《から》は伽耶《かや》ともいい、朝鮮半島の南部には三世紀頃から洛東江《なくとんがん》を中心に加羅諸国と総称される小国家群が存在した。

加羅・伽耶は任那《みまな》とも称し、古代の日本人を指す倭人が進出していた痕跡も残る。ミマナも「見目」の観念を秘する地名と見られ、議論の喧しいミマナの地名を残したのも吉備の天津神のようである。

この章に登場する項目

〔地名〕比良山《ひらさん》・蓬萊山《ほうらいさん》・亀山・釜山・亀旨峰《くじぼん》・任那《みまな》・布勢《ふせ》・福泉《ふせ》
〔神社〕白鬚神社《しらひげ》・亀山神社・釜山神社・竈山神社《かまやま》
〔考古学〕大成洞古墳《てそんどん》・金海亀山洞古墳群《きんめくさんどん》・筒形銅器・巴形銅器

〈倭王武（ワカタケル）の上表文〉（訳文は講談社学術文庫『倭国伝』より）

南朝の宋・順帝の昇明二年（四七八）に、倭王武《わおうぶ》は使者を遣わして上表文をたてまつって言った。

「わが国は遠く辺地にあって、中国の藩屏《はんぺい》となっている。昔からわが祖先は自らよろいかぶとを身に着け、山野をこえ川を渡って歩きまわり、落ち着くひまもなかった。東方では毛人の五十五ヵ国を征服し、西方では衆夷の六十六ヵ国を服属させ、海を渡っては北の九十五ヵ国を平定した。皇帝の徳はゆきわたり、領土は遠くひろがった。代々中国をあがめて入朝するのに、毎年時節をはずしたことがない。わたくし武は、愚か者ではあるが、ありがたくも先祖の遺業をつぎ、自分の統治下にある人々を率いはげまして中国の天子をあがめ従おうとし、道は百済を経由しようとて船の準備も行った。

ところが高句麗《こうくり》は無体にも、百済《くだら》を併呑しようと考え、国境の人民をかすめとらえ、殺害して、やめようとしない。中国へ入朝する途は高句麗のために滞ってままならず、中国に忠誠をつくす美風を失わされた。船を進めようとしても、時には通じ、時には通じなかった。わたくし武の亡父済《せい》は、かたき高句麗が中国へ往来の路を妨害していることを憤り、弓矢を持つ兵士百万も正義の声をあげて奮いたち、大挙して高句麗と戦おうとしたが、その時思いもよらず、父済と兄興《こう》を喪い、今一息で成るはずの功業も、最後の一押しがならなかった。父と兄の喪中は、軍隊を動かさず、そのため事を起こさず、兵を休めていたので未だ高句麗に勝っていない。

しかし、今は喪《も》があけたので、武器をととのえ、兵士を訓練して父と兄の志を果たそうと思う。義士も勇士も、文官も武官も力を出しつくし、白刃が眼前で交叉しても、それを恐れたりはしない。もし中国の皇帝の徳をもって我らをかばい支えられるなら、この強敵高句麗を打ち破り、地方の乱れをしずめて、かつての功業に見劣りすることはないだろう。かってながら自分に、開府儀同三司《かいふぎどうさんし》を帯方郡《たいほうぐん》を介して任命され、部下の諸将にもみなそれぞれ官爵を郡を介して授けていただき、よって私が中国に忠節をはげんでいる」と。

ヒラ（比羅・比良）と呼ばれた近江の国境

神目山《かんのめ》から転じた亀山は、境界や国境と縁の深い「にらみ」の地名であるものが多い。この亀山とも関わっていそうな地名にヒラがある。まずは、ここから話をはじめよう。

吉備で生まれた観念らしい「神の目」の山は、出雲のサルタヒコを祀る佐太神社の裏山に命名された。その南方には「あの世との境界」とされる黄泉比良坂《よもつひらさか》がある。

ヒラサカのヒラは「平ら」や「平定」に通じ、サカは境界である。そして、山城と近江の境界の地に比良山《ひらさん》と名づけられた山がある。

比良山は山系の名で、千メートル前後の山が連なり、山系が琵琶湖に面した地で終わりになるあたりに、サルタヒコを祀る白鬚《しらひげ》神社が鎮座している。この地の白鬚神社は、全国の総本社といわれてきた。琵琶湖の水中に鳥居が立っていることでも有名で、これは比良山系の尾根が琵琶湖の水中まで連続しているイメージとも重なる。

▼白鬚《しらひげ》神社（滋賀県高島市鵜川《うかわ》）――祭神・サルタヒコ

比良山の主峰は一〇五一メートルの標高をもち、東側の山麓から南へいったところに、近江に進出した和珥《わに》氏が根拠を置いた和邇《わに》（大津市和邇）がある。

近江で志賀《しが》と呼ばれるこのあたりは、和珥氏から分かれた同族で、遣隋使の小野妹子《おののいもこ》を出したことで知られる小野氏の本拠・小野（大津市小野）にも近い。

福岡の志賀島《しかのしま》と同じく、志賀はアズミ氏・ワニ氏・アベ氏など海人族と縁の深い地名である。比良山の南の山が蓬莱山と名づけられ、その西方を流れて琵琶湖に注いでいる川がアズミと同じ表記の安曇川《あどがわ》なのだ。もしかすると、アズミは海人《あま》族系の集団を幅広く指す言葉だったのかもしれない。

出雲の神目山を舞台に行なわれる神を追い出す神等去出神事《からさでしんじ》では、黄泉比良坂を境界とする黄泉国にいるイザナミと神事が結びつけられていた。「神の目」が見張ったのもサルタヒコのようなサエの神がいた境界の空間で、亀山という地名は、カンナビ・ムサなどとともに、吉備から進出した勢力が日本列島に設置した特別な空間を見つけ出す目印になる。

亀山は、対馬海峡（玄界灘）を渡った朝鮮半島にも存在した。『魏志』倭人伝は、次のような記述から始まる。

《倭人は、帯方《たいほう》〔郡〕の東南、大海の中に在《あ》り、山島に依《よ》りて国邑《こくゆう》を為《つく》る。旧《もと》百余国あり。漢の時に朝見する者有り。今、使訳の通ずる所三十国なり。〔帯方〕郡従《ぐんよ》り倭《わ》に至るには、海岸に循《したが》いて水行し、〔諸〕韓国《かんこく》を歴《へ》て乍《たちま》ち南し、乍《たちま》ち東し、其《そ》の北岸狗邪韓国《くやかんこく》に至る。〔郡より〕七千余里にして、始めて一つの海を度《わた》り、千余里にして対馬《つしま》国《こく》に至る》（訳文は講談社学術文庫『倭国伝』より）

『魏志』倭人伝には、狗邪韓国が「倭国の北岸」と記されているので、対馬海峡（玄界灘）を越えた朝鮮半島の南端近くに「倭国と韓国の国境」が存在していたことがわかる。そして、その国境の地へ派遣される「倭国の将軍」の多くがヒラフ（比良夫・比羅夫）と名乗っていた。

海外の国境に遠征した阿倍比羅夫と阿曇比羅夫

日本の古代史に登場する人物では、七世紀の半ば頃に活躍したことが記録に残る二人のヒラフ（比羅夫）が有名だ。

▼阿倍比羅夫《あべのひらふ》——日本海側を蝦夷地（北海道）まで遠征、白村江《はくすきのえ》の戦いにも参加
▼阿曇比羅夫《あずみのひらふ》——百済を救援するために派遣され、白村江で戦死

阿倍比羅夫は北海道の羊蹄山《ようていざん》の近くに、明治につくられた「比羅夫《ひらふ》」の駅名を残し、もう一人の阿曇比羅夫は白村江《はくすきのえ》の戦い*で戦死して、長野県の安曇野《あずみの》に鎮座する穂高《ほたか》神社若宮に祀られた。

すでに述べたように、阿倍比羅夫は「五《いつ》の大夫（たいふ・まえつきみ）」に任じられたアベ氏の一員で、阿曇比羅夫は安心院《あじむ》に名を残したと考えられるアズミ氏の一員である。将軍をつとめた二人の人物が「ヒラフ」であることから、この呼び名は職名

として「平らげる」や「平定」を目的とした大夫（長）の意味があると考えられる。アベ氏の同族である膳《かしわで》氏（高橋氏）とアズミ氏が朝廷の食膳の職を担い、のちにこの職をめぐって両者が争った出来事を先に紹介した。どうしてアベ氏とアズミ氏が饗《あえ》という食膳に関わりをもっていたのかというと、両者がもともと食に関わりの深い海人《あま》族系の豪族だったからだ。

アベ氏の祖とされる大彦（孝元天皇の子）が「四道将軍」の一人として北陸方面に派遣されたという話も、航海に長けていたからにちがいなく、信濃の安曇野《あずみの》や伊勢湾の渥美《あつみ》半島などに地名を残した阿曇・安曇と表記されるアズミ氏も同じ性格の豪族である。アズミ氏は、福岡県志賀島《しかのしま》の志賀海《しかうみ》神社を奉斎し、各地の阿曇部《あずみべ》や海人《あま》・海人《あま》部《べ》を率いた。

阿倍比羅夫は斉明《さいめい》天皇四年（六五八）に、水軍一八〇隻を率いて渡島（北海道）へ遠征し、蝦夷・粛慎《しゅくしん》を討伐し、生捕りにしたヒグマと毛皮を持ち帰り天皇に奉ったと『日本書紀』に記される。この粛慎とは、沿海州方面からオホーツク海沿岸に進出

＊白村江の戦い＝天智《てんち》天皇二年（六六三）に、「倭（日本）・百済」連合軍と「唐・新羅」連合軍のあいだで戦われた。唐・新羅連合軍に侵攻された百済の救援に向かった日本軍は、白村江で総勢一八万を相手に五万の軍勢で戦ったが大敗。百済王は高句麗に逃れ、百済の王族・貴族の大部分は日本に亡命して百済は滅亡した。以来、倭（日本）は朝鮮半島進出を断念する。

していたオホーツク人ではないかと推測されている。*

もう一人の阿曇比羅夫は、七世紀前半から朝鮮半島南西部の百済に使者として派遣され、百済と対立を深めた南東部の新羅が唐と連合して百済を滅ぼすと、再興をはかる救援軍の大将軍に任じられた。水軍一七〇隻を率いて百済の旧領に渡ったものの、天智天皇二年（六六三）に唐・新羅連合軍と激突した白村江で大敗した。

比良山の隣りに龍宮を思わせる蓬莱山があった

本書はここまで、『記・紀』が高天原と呼んで煙に巻いた神々の故郷が、じつは吉備にほかならなかったことをいろいろな角度から検証してきた。

これらの吉備にルーツをもつ豪族には阿倍氏・和珥氏・中臣氏・物部氏・大伴氏などが含まれ、紀元前後から四世紀頃に至るまで、日本列島各地に進出していった大まかな足跡をたどることができる。

その移動の際、「神の目」という魔除けやカンナビ山で形成された聖域・神域の観念を持ち運び、自分たちは神に選ばれた一族であると意識して、そうした観念による〈ムスヒの聖域〉をあちこちに設置した。

七世紀の将軍である阿倍比羅夫がアベ氏に出自をもつことは、飛鳥時代に至っても三世紀前後に活躍した弥生時代の豪族が、その後も命脈を保ち、ヒラという「平定」

の概念を失っていなかった事実を物語るだろう。

吉備出身の豪族勢力は、おそらく何度も内紛や権力闘争を繰り返してきたにちがいない。しかし、垂仁天皇の時代に「五《いつ》の大夫」に任命されたと『記・紀』が記す豪族たちが、自らの根拠地から見える山を龍王山と名づけたのは、彼らが〈龍王の一族〉という仲間意識をもっていたからでもあっただろう。

そして、龍王のイメージがヒラフと関わりをもつことは、お伽噺の主人公・浦島太郎の話からも想像できるのである。

亀を助けた行為によって海中にある龍宮（蓬萊《ほうらい》＝常世国《とこよのくに》）に連れていかれた浦島太郎は、垂仁天皇の時代のタジマモリ（田道間守・多遅摩毛理）がモデルとされている。このタジマモリは常世国へ派遣され、「トキジクの香菓《かくのみ》」という果物を持ち帰る。ここに、帥升《すいしょう》の朝貢も投影されている気配がある。ところが、帰国すると、すでに垂仁天皇は亡くなっていたという。浦島太郎のお伽噺では、常世国（蓬萊）が龍王のいる龍宮城と位置づけられ、その地へ案内してくれるのが、命を助けられた亀なのだ。海の彼方の常世国は境界の地でもあり、タジマモリにはヒラフと重なるイメージがある。同時に、龍王のイメージは海人族を束ねていた〈吉備の大首長〉にも重ねられている

＊ オホーツク人＝漁労や海獣の猟で生活した海洋民で、五世紀以降に北海道やサハリンに遺跡を残した。アイヌ民族もオホーツク人の血を受け継いでいるといわれる。

ようだ。

そのような海人の勢力を代表して、阿曇比羅夫や阿倍比羅夫は、国境を平らげる大夫と名乗り、辺境へ赴いた。阿曇比羅夫は白村江《はくすきのえ》の戦いで先陣をつとめ、阿倍比羅夫は後将軍として参戦している。

ヒラフにはもう一つ、いささか奇妙な感じのするエピソードもある。境界神（サエの神）の性格をもつ国津神のサルタヒコが、比良夫《ひらぶ》貝に手を食われて伊勢湾の近くで溺れ死んだと『古事記』に記されているのだ。

境界を守る役割をもっていたサルタヒコが、伊勢湾に進出した吉備の勢力を防ぐことができずに死んだという物語であることは想像できる。実際、伊勢湾は入れ墨を表現した黥面《げいめん》土器（人面文土器）の出土地であり、とりわけ安城市の周辺に多い。

伊勢湾に近いアンジョウ（安城）という地名は、九州のアジム（安心院《あんじようし》）に通じる響きをもち、安城も安心院と同じくアズミにちなむ地名の可能性があるとわたしは考えているが、次のような黥面土器の遺跡の分布も、それを裏づけているように思われる。

▼亀塚遺跡（愛知県安城市東町）――人面文壺形土器

▼東上条遺跡（安城市上条町）――黥面土器

▼上鑵子《じょうかんす》遺跡（福岡県糸島市有田）――黥面土器

○アズミ系志賀神社（糸島市瑞梅寺）――祭神・ワタツミ神

そして、二世紀頃に安城市の周辺にアズミと名乗った勢力が押し寄せてきたとすると、「サルタヒコがヒラブ貝に手を食われて伊勢湾の近くで溺れ死んだ」話は、いわばアズミのヒラフ（阿曇比羅夫）に敗北したと主張しているようにも思われる。

なお、福岡県の上鑵子遺跡は、『魏志』倭人伝に出てくる「伊都国」と見なされている地域にある。そこから南へ少しいった場所に志賀神社が鎮座し、この神社はアズミ氏が本拠地を置いた志賀海《しかうみ》神社と同じ系統に属している。

『和名抄』には筑前国糟屋郡志珂《しか》郷（福岡市東区志賀島）と阿曇《あずみ》郷（福岡県糟屋郡新宮町）が載り、九州北部でも、アズミ氏が進出したところに黥面土器（人面文土器）が出るという特徴を読み取ることができる。

古代には阿倍比羅夫・阿曇比羅夫のほかにも、たくさんのヒラフ（比羅夫・比良夫）が文献史料に登場して活躍した。ここでは三人目のヒラフとして、巨勢比良夫《こせのひらふ》に登場してもらおう。

もう一人のヒラフ・巨勢比良夫

巨勢氏はアベ氏と同じく孝元天皇の子孫と称した。カバネが臣から朝臣に変わったところもアベ氏と同じである。有力な中央豪族で、紀《き》氏・平群《へぐり》氏・葛城《かつらぎ》氏・蘇我《そが》氏などとともに、武内宿禰《たけしうちのすくね》を始祖とする系譜をもった。武内宿禰の子孫とされる中央豪族はみな海人族系の特徴を備え、ヒラフの名をもつ巨勢比良夫も海外で活躍している。

巨勢比良夫は、用明天皇二年（五八七）に、厩戸《うまやど》皇子（聖徳太子）と一緒に蘇我馬《そがのうま》子《こ》に従って「物部守屋《もののべのもりや》の討伐」に加わった人物でもある。物部守屋は弓削道鏡《ゆげのどうきょう》の祖先にあたるとも目されている。連のカバネをもつ物部氏は、臣姓が多数派である孝元天皇の末裔を名乗る豪族とは対立する立場だったと見られる。

巨勢は「許勢・居勢・己西」とも表記され、奈良県御所《ごせ》市古瀬《こせ》に本拠地があった。また、巨勢比良夫には「任那《みまな》再興」のための大将軍として筑紫に出陣するなど朝鮮半島で活躍していた記録が残る。阿倍比羅夫や阿曇比羅夫と同じく、やはり水軍を率いて国境地帯まで出兵していたわけである。

ちなみに、韓国の第十九代大統領・文在寅《ムンジエイン》氏の生地がプサン（釜山）の対岸にあるコジェ島（巨済島）だという。コジェ（巨済）は、奈良県の御所《ごせ》市古瀬《こせ》を中心とした大和国の高市郡巨勢郷や、巨勢氏の名に通じる。

もちろん、朝鮮半島の巨済島を即座に大和の巨勢と結びつけるわけにはいかない。

だが、ここまで述べてきた神目山《かんのめ》の由来や、それが亀甲の魔除けと融合しつつ亀山に転じた経緯にもとづいて考えると、カメヤマの表記が「亀山」から「釜山」に転じ、釜山が韓国ではプサンと読まれるようになったのではないかと思われる。

というのも、日本国内にも、同じ道筋をたどったらしい「釜山」がいくつもあるからだ。日本には、釜山の地名は亀山ほど多くないが、大半が神社名である。

そういう釜山の地名が朝

鮮半島に残り、釜山《ぷさん》に隣接する「狗邪韓国《くやかんこく》」あるいは「金官加羅国《きんかんからこく》」という地に、亀《く》山《さん》の地名が残る。巨済島はそこから遠くない。これらの地名の存在から、カメヤマと読める亀山・釜山の周辺には、弥生時代の終わりから古墳時代にかけて、海人族系の倭人（日本人）を中心とする海洋勢力が進出していた状況を物語るという結論がみちびかれることになる。

すなわち、巨勢比良夫が国境地帯の平定を目的に朝鮮半島へ赴いた時代より古く、『魏志』倭人伝が倭国の「其《そ》の北岸狗邪韓国」と記した地に、倭人が進出して神目山と命名したと考えられるのである。

もっとも、対馬海峡を挟んだ往来そのものは、釜山市の影島《よんど》にある東三洞《とんさむどん》貝塚から縄文後期の九州系土器（鐘崎《かねざき》式土器や北久根山《きたくねやま》式土器）が出ているので、縄文時代から続いていたと考えてよい。

また、巨勢氏が拠点を置いていたと見られる巨済島《こじえ》の対岸の朝鮮半島南岸には、固《こ》城《そん》と呼ばれる郡名がある。じつは、この地から、九州北部に多い青銅製祭器の銅矛が出土している。朝鮮半島にある亀山・釜山の地名は弥生時代の終わり以降に、「神の目」にちなむ〈呪術空間〉が存在したことを物語る。しかし、九州で祭祀に用いられた銅矛が出土しているのは、それ以前から人びとの往来があったことを物語るだろう。

五万もの軍勢を船で送り込んで敗北を喫し、阿曇比羅夫《あずみのひらふ》が戦死した白村江の戦いは、天智《てんち》天皇二年（六六三）の出来事である。ヤマト政権は、弥生時代の終わりからおよそ四〇〇年にわたって、朝鮮半島に足がかりを確保していたことがわかる。

なお、大和国における巨勢氏の本拠地「御所市古瀬」は巨勢寺《こせでら》のあった場所にあたる。今はわずかに礎石と小さな堂宇が残っているだけの状態だが、ここは「葛木《かつらぎ》の鴨《かも》の神奈備」である高鴨《たかがも》神社と、「飛鳥《あすか》の神奈備」である飛鳥坐《あすかにます》神社を結んだ線上に位置している。

古瀬の北には巨勢山があり、そのさらに北に、葛城氏の全盛時代を築いた葛城襲津《かつらぎのそつ》彦《ひこ》の墳墓と目されてきた室宮山《むろみややま》古墳がある。墳丘長は二三八メートルと、葛城地域では最大規模の古墳である。葛城襲津彦は『日本書紀』が引用した『百済記』に「壬午年（三八二年）の人物」として顔を見せる「沙至比跪《さちひこ》」と同一人物と見られている。

この『百済記』の内容も、巨勢氏と同じく孝元天皇の子孫と称した葛城氏が、武内宿禰系の豪族として朝鮮半島に渡っていた事実を裏づけているようである。

広島県の西に位置する山口県と、さらにその西の福岡県には、次のような「亀山の名をもつ神社」が鎮座している。

▼氷室亀山神社（山口県柳井市）

▼亀山神社〔恒石《つねいし》八幡宮〕（山口県宇部市棚井）

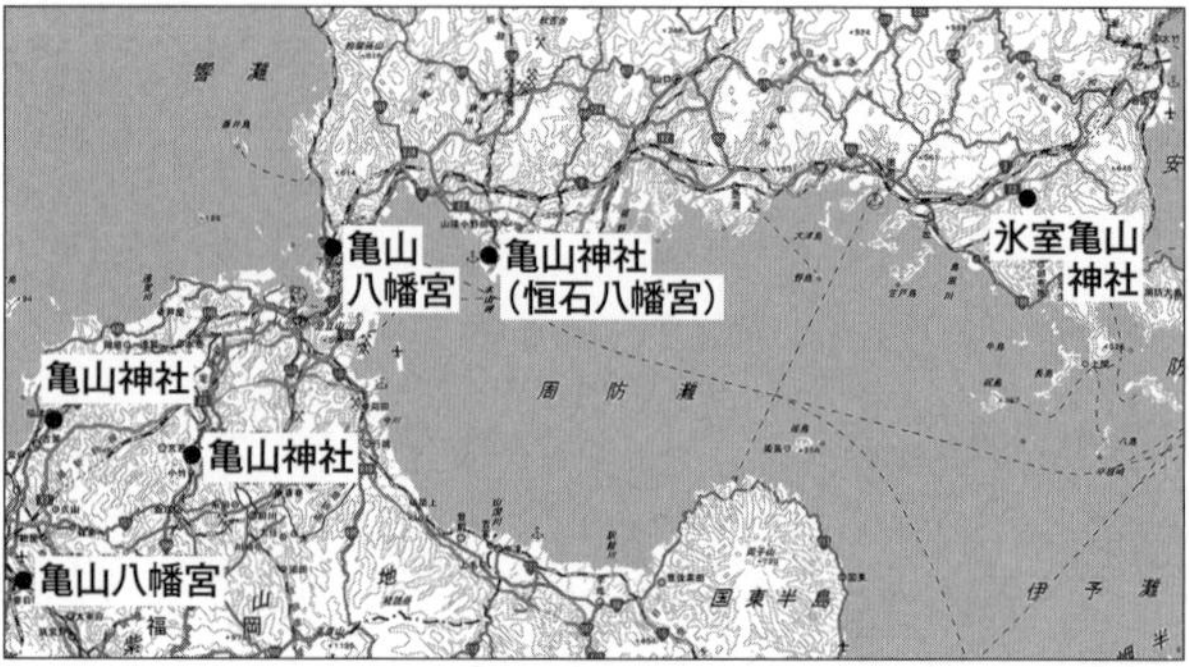

周防灘周辺

▼亀山八幡宮（山口県下関市中之町）
▼亀山神社（福岡県鞍手郡小竹町）
▼亀山神社（福岡県福津市）
▼亀山八幡宮（福岡県糟屋郡志免《しめ》町別府）

氷室亀山神社の社名は合併によるもので、合併以前は近くに亀山神社が独立していたという。また、志免《しめ》町の亀山八幡宮は、境内に日本最大級の箱式石棺墓をもつ直径約一三メートルの「亀山古墳」があることで知られている。

国東半島の北に位置する周防《すおう》灘周辺に、「亀山の名をもつ神社」が寄り集まっている事実は、吉備の勢力が東方から宇佐の方面へ攻め込んだ時代の熾烈な「にらみ合い」を反映しているのかもしれない。

吉備は紀元前後から二世紀にかけて、北の出雲、東の播磨・淡路、南の讃岐、西の筑紫というぐあいに、四方八方に勢力を拡大していったようだが、最も手こずったのが、平野が広くて人口の多そうな近畿地方と九州北部の攻略だったと推測される。『魏志』倭人伝や『後漢書』に記される倭国大乱《わこくたいらん》は政治的統合の動きと考えられるが、別の原因の一つは、九州北部の勢力が鉄製品の輸入を独占していたことにあるともいう。当然、瀬戸内海の海人族勢力は不満を募らせていたにちがいない。

鉄製品の入手先は朝鮮半島南部の狗邪韓国《くやかんこく》・金官加羅国《きんかんからこく》・任那《みまな》と呼ばれた地域だったと記録されており、まさにそういう場所に、亀山《くさん》や釜山《ぷさん》の地名が残っている。

金海市の亀山の近辺には、「倭系遺物」と称される考古学遺物が数多く出土している大成洞《てそんどん》古墳群や金海亀山洞《きんめくさんどん》古墳群がある。

これらの韓国の古墳群からは、広島県三原市の円墳から出たのと同じ筒形《つつがた》銅器、武具に装着した飾りで、威信財とされる卍形の脚をもった巴形《ともえがた》銅器、さらに紡錘車《ぼうすいしゃ》形石製品などが出土している。

「任那」の概念に見直しを迫る「目」のつく地名

日本列島と朝鮮半島のあいだに人びとの往来があり、朝鮮半島から「倭系」と呼ばれる遺物が出ている事実は以前から知られていた。しかし、「倭人が定住していた」と述べると、たちまち多方面から異議が唱えられそうな雰囲気もある。

加羅・伽耶・金官加羅などと呼ばれた朝鮮半島の南部の地域は、日本では任那《みまな》と呼ばれ、かつては教科書にも「大和政権の勢力が朝鮮半島に進出していた」と明記されていたが、最近はそうした記述が消えているからだ。

関晃《せきあきら》氏の『帰化人――古代の政治・経済・文化を語る』（講談社学術文庫、二〇〇九年）にある次のような記述が、以前の日本の歴史学で共通認識となっていたものである。

《四世紀の後半、弁韓の諸小国が分立したまま、まだ統一国家を形成しないうちに、大軍を出して弁韓一帯をおさえ、ここを任那と名づけて確実な根拠地とした大和の朝廷は、統一国家をつくり上げたばかりの百済や新羅に対しても、充分にらみを利かせることができた。朝廷から見れば任那は屯倉《みやけ》のようなものであり、百済や新羅は部《べ》のようなものだった。だから任那には日本府を置いて直接に役人を派遣し、百済と新羅からは毎年多額の調（貢物）を進上させていた。そのおかげで大陸の文物を摂取し、進んだ生産技術を採用することができたし、これから本書で問題にしようとする帰化人も、かなりの数に上ることになったのである。朝廷が、経済的に文化的に、着々と実力を高めることができたのは、もっぱらこの南鮮支配の賜物だったといっても言い過ぎではない》

任那は、『新撰姓氏録』では、三間名《みまな》・弥麻奈《みまな》・御間名《みまな》などとも表記されている。この地名は、素直に「み＝見」「ま＝目」「な＝那（国）」と解することが可能である。

任那は『日本書紀』に「任那日本府」の記述があり、高句麗の『広開土王碑《こうかいどおうひ》』の碑文にも、倭が百済や新羅を支配したという記述とともに、任那の地名が顔を見せる。ところが、今では大半の教科書から消えたこともあって、任那の存在を知らない人が増え、「そもそも任那など存在しなかった」と思い込んでいる人も少なくない。

一九七二年、奈良県明日香村の高松塚古墳で装飾壁画が発見されて以来、古代日本文化の源流は朝鮮半島にあるのではないかという問題提起がなされ、それ以後、朝鮮半島から日本列島への文化の流れが強調される一方、反対向きの日本列島から朝鮮半島への進出や文化の流れは否定される傾向が強まった。

結果として、六世紀以前に「日本」の呼称はなかったとの理由から、「任那日本府」の存在がまず否定され、その後、地名としての任那も使われなくなり、現在では教科書からほとんど消えてしまった。

帰化人と呼ばれてきた朝鮮半島に出自をもった人びとは、渡来人という新たな呼び名に置き換えられた。帰化人には「君主の徳を慕って帰属した」の意味があると問題にされたが、渡来人はたんに「海を渡って来た人」の意味でしかないのも事実である。

任那に話を戻そう。ミマナを見目国と読み取る解釈が誤っていなければ、「日本府」という表現の実態がどういうものだったかは別にして、ここは「にらみ合い」の空間だったことがわかる。

釜山《ぷさん》にも筒形銅器が大量に出土している福泉《ぼくちょんどん》洞古墳（釜山市東萊区福泉洞）がある。この古墳からは、和歌山県の大谷古墳や埼玉県の将軍山古墳から出たのと同じ形の馬冑《ばちゅう》も出ている。馬冑は馬のカブトで、任那周辺と日本列島でしか出ていないたいへん珍しい遺物だ。

そして、韓国でポクチョンと読まれる「福泉」は、じつは日本列島に少なくない地名でもあるのだ。阿倍氏の同族で阿倍布勢臣《あべのふせのおみ》氏と名乗ったアベ系の氏族がフセの地名を残し、フセは布勢・布施が多いものの、福泉とも表記された。ただ、福泉の多くがフクセンと読まれたせいで、フセとの関係はわかりにくくなっている。

韓国の福泉《ぼくちょんどん》洞古墳から出たのと同形の馬冑《ばちゅう》が出ている和歌山県の大谷古墳の南、紀の川の河口周辺には、神武天皇の長兄とされる五瀬命《いつのせ》の墓と伝えられてきた竈山《かまやま》神社が鎮座し、竈山《かまやま》は亀山神社や釜山《かまやま》神社とも表記される。紀の川を上流に遡ると、奈良県宇陀市に至る。そして、大和の宇陀は、久米の子らが「撃ちてし止まむ」と軍歌をうたいながら戦闘を繰り広げた『記・紀』の旧跡なのである。

神話にはお伽噺のような怪しい話が含まれている一方で、そこには地名との結びつきを検証できる手がかりもある。たとえ怪しげな内容を含むとしても、すべてを作り話として切り捨てるのは賢明でないことがわかる。

茨城県には、かつて見目浦《みるめうら》と呼ばれる地名があったという。鹿島神宮の由緒は、見目浦を神社の創建地であると伝える。また、隣の栃木県には「ケンモク」と読む見目の名字があるという。次章では、東国の見目の様子を探ってみよう。

第五章　ミルメ！（見目）――吉備の勢力が関東までやって来た

静岡県三島市の三嶋《みしま》大社には大山祇《おおやまつみ》が祀られていたが、明治以降に事代主《ことしろぬし》神も祀られた。事代主は天津神が封じ込めようとした出雲系の神で、敵視された原因は事代主がサルタヒコと同じく銅鐸と関わっていたからのようだ。

三島市には銅鐸の出土した青木原《あおきばら》遺跡があり、隣接する沼津市下香貫《しもかぬき》藤井原から近畿式銅鐸が出土している。また、沼津市我入道《がにゅうどう》の薄井原では、同じく大型の突線鈕式《とっせんちゅうしき》と呼ばれる銅鐸が出土している。銅鐸は、さらに南の伊豆市の近辺からも出た。

三嶋大社の摂社には見目《みるめ》神社が含まれている。ここから、三嶋大社も国津神を監視する「にらみ」と「見張り」の地に建てられたことがわかる。周辺の狩野川下流には、創建の時期も由緒もすっかり忘れられたような祭神不明の見目神社も鎮座している。

この章に登場する項目

〔地名〕見目《みるめ》・見目浦《みるめのうら》・金目川《かなめ》
〔神社〕鹿島《かしま》神宮・香取《かとり》神宮・息栖《いきす》神社・大甕《おおみか》神社・大生《おおう》神社・三嶋大社
〔考古学〕前方後方墳・近畿式銅鐸・三遠式銅鐸・朝日遺跡

〈ヤマトタケル伝説〉のあらすじ

実兄のオオウスの手足をもぎ取って殺したオウス（ヤマトタケル）は、父の命で九州のクマソタケル兄弟を討伐する征西を命じられ、女装して宴に忍びこみ兄弟を殺した。このときからオウスはヤマトタケルと名乗る。その後、出雲に立ち寄り、イズモタケルと親しくなるが、やはり殺してしまう。こうして西日本を平定し、大和に帰るとただちに、今度は吉備武彦《きびのたけひこ》をお供に、東日本の平定を命じられた。ヤマトタケルは「父は自分に死ねと思っておられるのか」と嘆きながらも、東方へ赴いた。焼津では荒ぶる神に欺かれて火攻めに遭い、草薙剣《くさなぎ》（天叢雲剣《あめのむらくも》）でしのいで、かろうじて生還を果たす。相模の三浦半島から上総へ海を渡る際は、走水《はしりみず》で海神が暴風大波を起こして邪魔をした。ヤマトタケルは妻のオトタチバナヒメが海に身を投じて犠牲になったおかげで、ようやく木更津に上陸することができた。

それからヤマトタケルは荒ぶる蝦夷たちを次々と服従させていく。また、山河の荒ぶる神を平定し、足柄《あしがら》では、実態は神だった白い鹿を殺し、東国を平定した。このとき、遠くを望んで「吾妻《あづま》はや（わが妻よ）」と嘆く。甲斐国の酒折宮《さかおりのみや》では「新治筑波を過ぎて幾夜か寝つる」と和歌を詠み、科野《しなの》（長野県）では坂の神を服従させ、尾張に戻った。

ところが、尾張でミヤズヒメと結婚してから、草薙剣を預けたまま伊吹山《いぶきやま》へと向かい、伊吹山の神と素手で戦って衰弱の身となる。伊勢の能褒野《のぼの》（三重県亀山市）に着いたところでついに命を落とした。ヤマトタケルは白鳥と化して、西方へ向かって飛んでいった。伊勢から大和へ、さらに河内へと羽ばたき、河内に葬られたという。

よく似ていて少し異なる近畿式銅鐸と三遠式銅鐸

吉備に出自をもつ天津神の勢力は、播磨・淡路・讃岐などを経て東方へも進出し、大阪湾から上陸して大和を制圧した。どういう経路をたどったかはわからないが、黥《げい》面《めん》土器の分布から推測すると、わりあい早くに伊勢湾の周辺を押さえていたようでもある。そこは、現在より北まで深く入江が入り込み、海人《あま》族系の勢力にとって、低湿地の広がる伊勢湾は侵入が容易だったのかもしれない。

『和名類聚抄』には、尾張国に海部郡海部郷、三河国に渥美郡渥美郷が載る。また、尾張には「日本最大の銅鐸」が出土した滋賀県の大岩山遺跡と並び称される「日本最後の銅鐸（近畿式銅鐸*）」のものらしい飾り耳が出土した朝日遺跡がある。この朝日遺跡からは三遠式《さんえんしき》銅鐸**も出ている。

愛知県の朝日遺跡は、数ある環濠集落の中でも最も防御の堅かった集落として知られ、遺跡の規模では佐賀県の吉野《よしの》ヶ里《り》遺跡に匹敵する。「最後の銅鐸」は二世紀末前後のもので、銅鐸のイメージをもつサルタヒコが比良夫貝に食われて溺れ死んだ神話は、伊勢湾周辺で銅鐸が処分された頃につくられたのかもしれない。

その後、『和名類聚抄』に「三河国渥美郡渥美郷」の名が残るように、アズミ氏が安城の周辺から渥美半島のあたりまで征服していったようである。

東海地方では銅鐸祭祀の消滅が弥生時代の終わりを決定づける出来事となり、それからしばらくして古墳が築造され、古墳時代が始まる。

▼朝日遺跡（愛知県清須《きよす》市・名古屋市西区）——東海地方最大の環濠集落
▼尾張大国霊《おおくにたま》神社（稲沢《いなざわ》市国府宮）——祭神・尾張大国霊神（大国主と同神とも）

愛知県の朝日遺跡は、弥生時代初期から末期まで途切れることなく人びとが居住し続けた遺跡と考えられている。最盛期には人口が千人を超えたという。その近くに大国主ともイメージの重なる大国霊を祀る大国霊神社があり、国津神が拠点を置いた（大きな都市〉だったと表現して差し支えなさそうだ。

しかし、大型銅鐸を祀っていたこの集落は天津神の攻撃を受けて陥落する。天津神の勢力は、新たに別の自分たちの拠点をつくった。それが、ヤマトタケルが草薙《くさなぎ》の剣を預けたと『記・紀』に記される熱田《あつた》神宮ではないかとわたしは考えている。

熱田の北には岡山市の牟佐《むさ》に鎮座する高蔵《たかくら》神社と同じ名の高蔵《たかくら》町があり、そこは尾張氏の祖神を祀った高座結御子《たかくらむすびみこ》神社の地で、尾張氏が本拠を置いた場所だからだ。熱田神宮の西にはヤマトタケル伝説にも登場する白鳥の名を冠した白鳥古墳があり、この前方後円墳はヤマトタケルの墓との言い伝えも残る。

▼熱田《あつた》神宮（愛知県名古屋市熱田区神宮）――祭神・熱田大神
▼高蔵《たかくら》遺跡（名古屋市熱田区高蔵町）――古墳群・埴輪
▼高座結御子《たかくらむすびみこ》神社（名古屋市熱田区高蔵町）――祭神・高倉下《たかくらじ》（天香語山《あめのかごやま》とも）

＊　近畿式《きんきしき》銅鐸＝吊り手の頂と左右に飾り耳をつけたタイプが多い。全体の造りは三遠式とそっくりで、朝日遺跡からは両方の銅鐸が出ているので、三遠式も近畿式も同じ工房（技術者）が製作したと考えられている。

＊＊　三遠式《さんえんしき》銅鐸＝三河（愛知県東部）と遠江（静岡県西部）に多く分布する。大型化しつつ古い銅鐸の特徴を備えているとされる。

高座結御子神社に祀られている高倉下（天香語山）は神武東征の物語に登場する神で、神武天皇が敵の毒気にあたってぐったりしているとき、夢の託宣で高倉下が神武天皇に剣をもたらして覚醒させた逸話の持ち主である。『記・紀』はこの剣が石上《いそのかみ》神宮に祀られていると記し、「吉備の牟佐」に鎮座する「石上神宮の元宮」ともいわれる石上布都魂《いそのかみふつみたま》神社と関わりをもっているようである。

なお、渥美半島はアズミ氏によって命名された地名だとわたしは繰り返してきた。弥生時代の渥美半島は銅鐸遺跡の密集地で、二世紀頃までは国津神の縄張りだったはずだが、そこにアズミを名乗る海人勢力がどっと押し寄せてきたらしい。

アズミ氏は渥美半島にも宇佐野を設置していた

渥美半島の付け根にあたる三河湾の豊川近くに菟足《うたり》神社が鎮座する。ここには赤い目をもつ巨大なウサギの神輿が飾られているのだが、どうしてここに、ウサギが出てくるのだろうか？

理由は、菟足神社から西へ八キロほどのところに宇佐野《うさの》という地名があることを知れば、およその想像がつくはずだ。結論をいえば、三河にもムスヒの聖域であるウサ（ムサ）が存在していたのである。また知多半島には「神の目」に由来する亀崎《かめざき》駅の近くに神崎《かみさき》神社が鎮座し、南端には釜山《かまやま》の地名を見つけることもできる。

▼菟足《うたり》神社（愛知県豊川市小坂井町）——祭神・菟上足尼《うなかみすくね》（葛城襲津彦《かつらぎのそつひこ》の子孫）
▼宇佐野《うさの》（愛知県蒲郡市相楽町宇佐野）——近くに三月田《さんがつでん》古墳群がある
▼釜山《かまやま》（愛知県知多郡南知多町大井釜山）——南の沖合に『潮騒』の舞台・神島《かみしま》

菟足《うたり》神社と宇佐野《うさの》の距離は七キロ程度しかなく、ウサギの神輿が置かれている菟足神社は、もとは菟足をウサと読む「宇佐《うさ》神社」だった可能性がありそうだ。

かりにそうだとすると、この三河湾の奥まった地は、九州の宇佐神宮に進出していったのと同じく、海人の文化をもったアズミと名乗る吉備の勢力が、同じ観念で設置したムサ・ウサの地だったことになる。宇佐と菟足神社が、豊国や豊川・豊橋などトヨと呼ばれる地にあることも共通している。

▼安心院《あじむ》——アズミ——渥美《あつみ》半島
▼宇佐神宮——ウサ・ムサ——菟足神社
▼豊国《とよ》（豊前《ぶぜん》・豊後《ぶんご》）——豊川《とよかわ》・豊橋《とよはし》

三遠式銅鐸が密集していた三河から遠江へ移動すると、出雲国の宍道湖と並び称されるかつてのシジミの名産地・佐鳴《さなる》湖に至る。そこからさらに東へ向かうと、大井川の先には火攻めにされたヤマトタケルが草薙剣で難を逃れたとされる焼津があり、安倍川の先には静岡市の草薙《くさなぎ》神社が鎮座する。

▼草薙《くさなぎ》神社（静岡県静岡市清水区草薙）——祭神・ヤマトタケル
▼久佐奈岐《くさなぎ》神社（静岡市清水区山切）——祭神・ヤマトタケル

二つのクサナギ神社が鎮座する場所は、ヤマトタケルの東征につき従ったとされる吉備武彦《きびのたけひこ》が統治した地ともいわれている。『記・紀』に記された内容だけでなく、吉備の天津神が東海地方へやって来た記憶が当地で語り継がれていたようである。

ところで、静岡の安倍川はアベ氏にちなむとされる。草薙神社のすぐ西には黥面土器が出土している栗原遺跡があり、その南に広がる日本平《にほんだいら》もヤマトタケル（日本武尊）伝説に由来する地名だ。東日本では、このようにヤマトタケルの伝承地とアベ氏の足跡の重なりが、東海道に沿って点々と続いている。

アベの呼び名は食をつかさどる饗《あえ》にちなみ、アは阿曇と同じ海人《あま》のアでもあると解されている。天津神《あまつかみ》は本来は海《あま》の神だったとの説も根強い。吉備から駿河まで進出した天津神は黥面の海人集団だった気配があり、東海道に沿って船で移動していたと思われる。

東海地方の激戦を物語る焼津とクサナギの伝承

焼津という地名は、東征したヤマトタケルが、天叢雲剣《あめのむらくも》でなぎ倒した草に火を放って難を逃れ、敵を滅ぼした伝承にちなむ。『万葉集』にも、「焼津辺《やきつべ》に　わが行きしかば　駿河なる　阿倍の市道《いちじ》に　逢いし児らはも」と詠まれている。一般に八木や柳で表記されるヤキ・ヤギは木の多い地に名づけられるといわれるが、焼津の地名伝承は火と関連づけられている。これは、当地で実際に激戦が行なわれた史実の反映かもしれない。

駿河の安倍川流域にも自分たちの根拠地を築いたアベ氏は、さらに伊豆・相模へと進出した。そして、三島・沼津を中心とする富士山麓（狩野川流域）に、大和・近江・三河のムサと同じ性格を備えた〈ムスヒの聖域〉を設置したようである。

富士山麓には、三嶋大社という「ミのつく神社」であるとともに見目神社を摂社にもつ神社が鎮座し、それとは別に、三島駅の北方と南方に見目神社が合計三社ある。

三島市には阿部野《あべの》というアベ氏に由来すると見られる地名が残され、アベ氏から枝分かれした高橋氏の奉斎した高橋神社も鎮座している。高橋神社は、鍬戸《くわと》神社という養蚕に欠かせない桑《くわ》に関わる神社と隣接している。

▼見目《みるめ》神社（静岡県三島市佐野）――祭神・波布比売《はふひめ》
▼見目《みるめ》神社（裾野市麦塚）――祭神・高倉下《たかくらじ》
▼見目《みるめ》神社（駿東郡清水町畑中）――祭神・不明
▼鍬戸《くわと》神社（三島市長伏）――祭神・倭文神《しどり》か？
▼高橋《たかはし》神社（三島市松本）――祭神・磐鹿六雁命《いわかむつかり》（孝元天皇の曾孫）

三島市と裾野市にある見目《みるめ》神社は、全国どこでも見ることのできる、いかにも「村の鎮守」といった感じの神社だが、「見目」という社名については、三嶋大社の近くを流れる大場川（神川）の上流を見張ったという言い伝えも残されている。

四章で、朝鮮半島に存在したミマナという地名が、そのまま見目《みるめ》に置き換えられる日本語であることを述べた。ミマナ（任那・三間名・弥麻奈・御間名）は、いろいろな表記がなされるが、すべて「見目国」を表わしているようである。

小豆島の見目は、ミメと読まれるが、ミマが古い読み方だったとも思われる。そして、孝元天皇の孫にあたる崇神《すじん》天皇は、ミマキイリヒコという「ミマ」を含む和風の名をもち、和珥氏の祖と位置づけられる孝昭《こうしょう》天皇も、やはりミマツヒコカエシネという「ミマ」を含む和風の名をもっていた。

ミマ・ミメ・ミルメは、本来は一つの言葉のようだ。日本に統一国家が生まれつつあった時代の最前線、ないしは国境地帯に命名され、そこは命名された当時、「にらみ」と「見張り」が欠かせないような緊張状態にあったと考えられる。ミマを含む和風の名をもつ孝昭天皇と崇神天皇も、そうした緊張した空間と関わりをもち、その名で呼ばれるようになったのではないだろうか。

見目神社が三社残っている三島・沼津の周辺も、ある時期に前線として緊張が意識されていた空間にちがいない。

ところが、見目神社の一社である清水町畑中の見目神社は、今や社殿に社名も記されず、近くの見目橋にかろうじて名が残るだけだし、三嶋大社の摂社の見目《みるめ》神社にしても「見目は御妃《みめ》を意味する」と説明され、三島神には六人の妃があったなどと記されている。

当地が前線や国境地帯ではなくなって長い時間が経過し、由緒も忘れられたということなのだろう。

その一方で、沼津市では、三世紀の初頭に築造されたと推定される前方後方墳「高《たか》尾《お》山《さん》古墳」が新たに発見され、「邪馬台国時代の狗奴国《くぬこく》の古墳ではないか」と大騒ぎになっている。

はたして高尾山古墳は「狗奴国の古墳」なのか？

高尾山古墳は、沼津駅から北の方角へ二キロほど進んだ新幹線の線路に近い場所にある。被葬者の埋納は三世紀半ばとされるが、築造はもっと古い二二〇年頃と推定され、全国でも一、二位を争う最古級の前方後方墳ではないかと騒がれはじめた。

同時代の三世紀の前方後方墳としては、滋賀県東近江市の神郷亀塚《じんごうかめづか》古墳や岐阜県養老町の象鼻《ぞうび》山一号墳などが知られる。主に東海地方に分布するこれらの前方後方墳は、以前から、邪馬台国と対立する関係にあり、邪馬台国の南にあるとされた狗奴国《くぬこく》の古墳ではないかという説が唱えられてきた。

ところが、さらに古いかもしれない前方後方墳が富士山麓の沼津で発見されたのだから、大騒ぎになったのは無理もない。しかも、高尾山古墳は道路拡張予定地の神社が移転した場所にあり、歴史的建造物の保存問題もからんでいた。

古墳の前方部に熊野神社が鎮座し、後方部には穂見神社が鎮座していた。高尾山古墳は清水町畑中の見目神社の北西約六キロの地にあり、同じ文化圏に含まれると見なせそうである。

三島市には大場川のほとりに銅鐸の出た青木《あおき》原《ばら》遺跡があり、狩野川の河口に近い沼津市下香《しもか》貫《ぬき》藤井原から近畿式銅鐸が、同じく沼津市我《が》入道《にゅうどう》の薄井原から大型の突線鈕式と呼ばれる銅鐸が出ている。銅鐸は南の伊豆市近辺からも出土した。

このように、駿河と伊豆の国境である富士山麓には、銅鐸の出土地の近くに古墳が築造され、複数の見目神社が見つかり、三嶋大社が鎮座している。これらを総合的に判断すると、三島・沼津の周辺は西からやって来た勢力が、ある時期に国境地帯と見なした聖域・神域だったと見てよさそうである。

ここは、雪野山の前方後円墳・武佐町の牟佐神社・近江八幡市の沙沙貴《ささき》神社がそろった「近江のムサ」や、見瀬丸山古墳・牟《む》佐坐《さにます》神社・橿原神宮がそろった「大和のムサ」にも匹敵する最高の空間だったらしい。富士山が間近に見えることも、この地が聖域に選ばれる理由になったと想像される。

三河湾の「宇佐野」を経て、伊豆半島の国境地帯に設けられた聖域は、やがてこの場所から、さらに東進し、房総半島のムシャ（武射）や、多摩武蔵と埼玉武蔵からなる「武蔵国」へと移動していくことになる。

伊豆の妻良・相模の三浦・安房の布良

三島・沼津から箱根を越えると相模国《さがみのくに》に入る。相模はヤマトタケルの妻のオトタチバナヒメが海に身を投じたとされる走水《はしりみず》（横須賀市）のある国として知られている。走水は本来は浦賀水道（東京湾）を指していた言葉のようだが、走水神社が創建されたことで、三浦半島側の地名になった。

三浦半島の三浦や三崎は、数字の三がつくので、三方を海で囲まれた地名と解説されることが少なくない。が、『和名類聚抄』では三浦は御浦、三崎は御崎で、半島や岬に境界地名が多いのはここまで見てきた通りだ。「浦」は入江を意味し、海人族が港として利用していたようである。

なお、紀伊半島には目良《めら》、伊豆半島には妻良《めら》、房総半島には布良《めら》という読みの同じ地名があることはご存じの方が多いかもしれない。いずれも「見張りの浦」として命名されたらしい。房総半島の布良に鎮座する布良崎神社には、忌部氏の祖神が祀られているので、忌部氏が命名した可能性がありそうだ。

さらに、「にらみ」に関わりそうな場所を走水周辺で探すと、三浦半島の西方に亀甲石の信仰でも知られる江島神社が鎮座し、神仏習合時代の江の島には金亀山与願寺《きんきさんよがんじ》と呼ばれる寺院があったという。江の島には、今も亀の石像物がたくさん見られる。

もっとも、江の島では明治維新直後に廃仏毀釈《はいぶつきしやく》の嵐が吹き荒れた際、江の島を管理していた寺院がことごとく破却され、多くの祠が消滅したという。もはや実態はわからないが、残ってさえいれば、たとえ「わけのわからない」ものでも、古代の〈隠れた真実〉を掘り起こす手がかりになってくれただろう。

神奈川県平塚市には「神目」を思わせる金目川《かなめがわ》も流れている。この流域には古い古墳が多く、小銅鐸も出土している。吾妻山《あづまやま》が近くにあり、頂上の吾妻神社にはヤマトタケルとオトタチバナヒメが祀られている。

神奈川県鎌倉市の東に位置する逗子・葉山には、大和の桜井に本拠地を置いたアベ氏につながる長柄《ながえ》桜山古墳群がある。この周辺もアベ氏が縄張りを広げた空間の気配が濃く、その東にあたる阿部倉《あべくら》山（御浦郡安慰《あい》郷）を越えると、三浦半島の走水まではあとわずかな距離である。

アベ氏の足跡が多く残る相模国は、鎌倉幕府が開かれる以前の名所旧跡が意外に多く、古代史の表舞台となっていた場所だったのだ。ところが、走水神社から東京湾を横切れば一〇キロほどしか離れていない房総半島の千葉県（上総・下総・安房）は、さらに密度の濃い古代史の舞台だったといえそうである。その証拠に挙げられるのが、「千葉は日本で最も前方後円墳の数が多い」という事実だ。

三浦半島から浦賀水道（東京湾）を渡ると、内房《うちぼう》にはヤマトタケル伝説に彩られた地名である袖《そで》ケ浦《うら》や木更津《きさらづ》や君津が並び、南には讃岐と同じ読みの佐貫《さぬき》がある。

▼袖ケ浦――海神の怒りを鎮めたオトタチバナヒメの袖が流れ着いたとされる

▼木更津――悲しんだヤマトタケルの和歌の「君さらず」から転じたとされる

千葉県の上総・下総は「総国《ふさ》」を分割した国で、フサを武射やムサに由来する国名と見る説はすでに紹介した。

また、安房《あわ》には、古代に徳島の阿波《あわ》を開拓したといわれ、大和のムサの地である櫃原に宮殿を建てたと『古語拾遺《こごしゅうい》』で主張した忌部氏の足跡が多い。布良崎神社に隣接する館山市の安房神社にも、忌部氏の祖神が祀られている。

ただ者ではなかった太安万侶の一族

君津・木更津を蛇行しながら流れる小櫃《おびつ》川は、千葉県内で利根川に次いで流路が長い。その河口の近くに袖ケ浦がある。水源は、日蓮が開宗を宣言した清澄山《きよすみやま》にあり、そこには亀山神社が鎮座している。また、久留里《くるり》線の終点である上総亀山駅の近くに亀山城がある。

小櫃川の河口付近から、川の右岸に沿って小高い丘陵地帯の下を東へ三キロほど進むと、袖ケ浦市飯富《いいとみ》に到着する。その丘陵の上に飽富《あきとみ》神社という古社がある。

飽富神社について、袖ケ浦市教育委員会は次のように解説している。

《この神社は、平安時代初期に編集された『三代実録』という史書や『延喜式』という法令集の中にすでにその名が記されている式内社で、千年以上も前から存在した古社です。旧称を飫富《おおとみ》神社といい、県内では香取神宮・安房神社など十八社ありますが、君津地方では唯一のもので、歴史的価値の高い神社です。

創建は、社伝によると第二代綏靖《すいぜい》天皇元年で、天皇の兄〈神八井耳《かんやいみみ》命〉が創建したと伝えています。祭神の主神は〈倉稲魂《うかのみたま》命〉という稲の神、すなわち農業神で、古くから農民の信仰を集めてきました》

　飽富は今はアキトミと読まれているが、以前は飫富（おおとみ）だったと解説される。しかし、これらの飽富も飯富も、もとは「多《おお》・太《おお》・大生《おう》・意富《おお》・飽富《おお》」などといろいろな表記がなされる「オオ氏」にちなむ地名ないしは社名である。オオ氏は『古事記』を編纂した太安万侶《おおのやすまろ》の一族と説明するのが最もわかりやすいはずだ。

　中央豪族のオオ氏は、大和国十市郡飫富郷（奈良県磯城《しき》郡田原本《たわらもと》町）に本拠地をもち、『記・紀』の系譜では神武天皇の嫡男である神八井耳《かんやいみみ》命の後裔とされている。神八井耳は綏靖天皇の同母兄にあたり、オオ氏は天皇家をも上まわる「王家の嫡流の血筋」の持ち主ともいえる。

　オオ氏は大和に住んだ本宗家のほかに、安房国長狭《ながさ》郡の長狭国造・下総国印幡郡の印波《いんば》国造、さらには信濃国の科野《しなの》国造などを出した。九州の火君《ひのきみ》・大分《おおきた》君・阿蘇《あそ》君なども同族で、日本列島の広い範囲に根を下ろした名族である。

　もっとも、太安万侶が『古事記』を編纂した八世紀には、すでにオオ氏は有力豪族ではなくなっていた。おそらく、タカミムスヒが最高神だった頃、アベ氏や忌部氏らとともに、千葉から茨城にかけての地に多くの足跡を残したのだ。オオ氏の奉斎した飽富神社の南東には、阿部の地名と百目木《どうめき》が残る。オオ氏とアベ氏には同族説もある。

▼飽富神社（千葉県袖ケ浦市飯富）――祭神・倉稲魂〔大国主・少彦名〕
▼阿部神社（袖ケ浦市阿部）――祭神・アメノミナカヌシ〔妙見神〕
▼かしま人形――阿部神社境内
▼百目木《どうめき》公園（袖ケ浦市百目木）

飽富神社と阿部神社があまり離れていないこともオオ氏とアベ氏の親密さを物語るようだ。さらに、阿部神社の境内は「かしま人形」や「鹿島さま」などと呼ばれる「サエの神である藁人形を境界に立てる民間信仰」が受け継がれた場所である。

なお、出雲の神目山は松江《まつえ》市鹿島《かしま》町佐陀《さだ》本郷《ほんごう》にあり、「神の目」の「にらみ」の空間がカシマと命名されていたことになる。

鹿島さまとも呼ばれる「かしま人形」を祀る行事の存在から、カシマは大きく分ければ境界地名といってよさそうである。ただし、佐太神社が鎮座している出雲のカシマは神目山・神在祭《かみありさい》・神等去出《からさで》神事《しんじ》に関わる「神のシマ」でもあったと考えられる。

カシマは、渥美半島沖にある「神島《かみしま》」と同じ観念で命名された「神のシマ」という聖域の呼び名と位置づけて、話を進めよう。

さて、『記・紀』がヤマトタケルの伝承を伝える内房の袖ケ浦や木更津は、浦賀水道を横断する距離が短い。天津神がここに上陸するのはごく自然であり、先陣を切ったアベ氏やオオ氏もこのあたりに上陸したものと思われる。

そして、上総に見つかる最古級の前方後方墳は、そうした勢力の「通り道」と思われる場所に築造されている。内房には次のような発生期の前方後方墳が存在する。

▼高部三〇・三二号墳（千葉県木更津市請西《じょうざい》千束台）――発生期の前方後方墳

▼山王辺田二号墳（袖ケ浦市大曽根）――発生期の前方後方墳

高部三〇・三二号墳はよく「東国最古級」と表現される。近江や伊勢湾の周辺をのぞくと最古の意味である。山王辺田二号墳は飽富神社の東およそ三キロのところにあり、距離から判断して、被葬者はオオ氏の一族である可能性もありそうだ。

アベ氏やオオ氏らが率いて浦賀水道を渡った吉備の天津神は、袖ケ浦や木更津に上陸したのち、房総半島にムシャ（武射）などの新たな根拠地を築きつつ、さらに北へ向かった。その際、自分たちの新たな縄張りをカシマと命名し、藁人形で境界の魔物をにらむ「おまじない」の習俗を残していったようである。

ムシャ（武射）の北およそ四五キロの位置に香取神宮が鎮座し、その北東に鹿島神宮が鎮座している。鹿島という社名をもつ神社は、ここからさらに北へ進出した経路に沿って、遠く岩手や秋田まで連なっている。

ただし、のちに常陸の鹿島が神宮と呼ばれる本社になるので、吉備の天津神の東征は、鹿島神宮の周辺で一段落したのかもしれない。

東京のそばの神奈川県北部にも、多摩川と鶴見川に挟まれた新川崎駅に近い川崎市幸区に、鹿島大神と呼ばれる神社に由来をもつ鹿島田《かしまだ》がある。慶應大学の日吉校舎に隣接するこの一帯は、やはり「地名・神社・遺跡」のいずれの面でも、「神のシマ」にふさわしい弥生時代から古墳時代にかけての〈聖域空間〉の条件を満たしている。

鹿島神宮の周辺には防人が旅の安全を祈ったことを起源とする「鹿島立ち」をはじめ、鹿島踊り・鹿島送り・鹿島人形などカシマにまつわる故事や行事が数多く残る。

袖ケ浦市教育委員会は「かしま人形」について、次のように解説する。

《新しいワラで男女一対の等身大のワラ人形をつくり阿部部落の鎮守さまに奉納、悪病退散と五穀豊穣を祈るという行事である。

この奇習は、同部落の春日神社の秋祭りの行事として〈かしま人形〉と呼ばれ、古くから伝わっている。毎年九月中旬に実施され、最初に頭・手など身体の各部分を別々につくり、最後に組み立てる仕組みである。男の人形、女の人形ともに腰に竹棒の刀を二本ずつ差し、男には槍、女にはなぎなたを手に持たせて完成。

完成した人形を神社の鳥居の両側に立てかけ、無病息災・五穀豊穣を祈ったあと氏子たちは集会場でお祝いの宴を張る》

わら人形を村の境界に立てて「悪疫退散」を願う魔除けの信仰は、千葉と秋田に数多く見られるという。千葉県にはアベ氏の足跡やドウメキの地名が多く、秋田県の雄《お》物川《ものがわ》流域には生目《いきめ》神社がある。

なぜ鹿島神宮の要石はナマズを踏んづけているのか？

鹿島神宮の由緒は、タケミカヅチが降臨した見目浦《みるめのうら》を神社の創建地であると伝えている。見目浦は、今の鹿島神宮の鎮座地ではなく、元鹿島の別名をもつ「大生《おおう》神社」が鎮座している場所を指すのかもしれない。元鹿島は「本来の鹿島神宮」が鎮座していたと主張する地名だが、北浦の入江を挟み、八キロほど離れた潮来《いたこ》市に位置する。

▼鹿島神宮（茨城県鹿嶋市宮中）――祭神・タケミカヅチ
▼大生《おおう》神社（茨城県潮来市大生）――祭神・タケミカヅチ
▼香取神宮（千葉県香取市香取）――祭神・フツヌシ
▼息栖《いきす》神社（茨城県神栖《かみす》市息栖）――祭神・クナド神

大生神社の祭神は鹿島神宮と同じタケミカヅチだが、鹿島神宮が「武甕槌大神」と表記するのに対し、大生神社は「健御雷之男神」と表記する。

大生神社の創建年代は不明とされるが、オオ氏一族のものらしい五世紀頃の大生古墳群の中心に鎮座しており、古社であることは疑いない。鹿島の本宮と言い伝えられてきただけでなく、大和の多《おお》氏（意富《おお》氏）が袖ケ浦市飯富《いいとみ》を経て常陸へ移住してきたといわれ、伝承もかなりの具体性をもっている。

潮来市教育委員会は、次のように解説する。

《大生神社はタケミカヅチを祭神とする元郷社で、その創祀年代は詳らかでないが、鹿島の本宮と云われ古く大和国の飯富族の常陸移住の際氏神として奉遷し、御祀したのに始まると云われている》

当初はオオ氏が奉斎していた神社だった鹿島神宮は、おそらく氏族間の力関係の変化によって中臣氏へ神主家の座が移ったのだ。

鹿島神宮といえば要石《かなめいし》が世に有名である。大半が地中に埋められているこの石は「地震を起こすナマズを押さえつけ、地震を鎮めている」という俗説がある。要石は千葉県の香取神宮でも、よく似た形式で祀られている。鹿島神宮と対にされる香取神宮は物部氏が奉斎した神社である。

これらの二つの要石がいつ頃から地震やナマズと結びつけられてきたのかは不明だ

が、カシマが神島の意味を秘めた地名である以上、要石のカナメも神奈川県の金目川と同じく「神の目」に由来するのではないだろうか。

タケミカヅチが降臨した見目浦《みるめのうら》に鹿島神宮が創建され、一方の香取神宮は亀甲山《かめがせやま》と呼ばれる鎮守の森に創建されたと伝えられる。こうした伝承の数々は、はるばる吉備から長い旅を続けて運ばれてきたにちがいない。

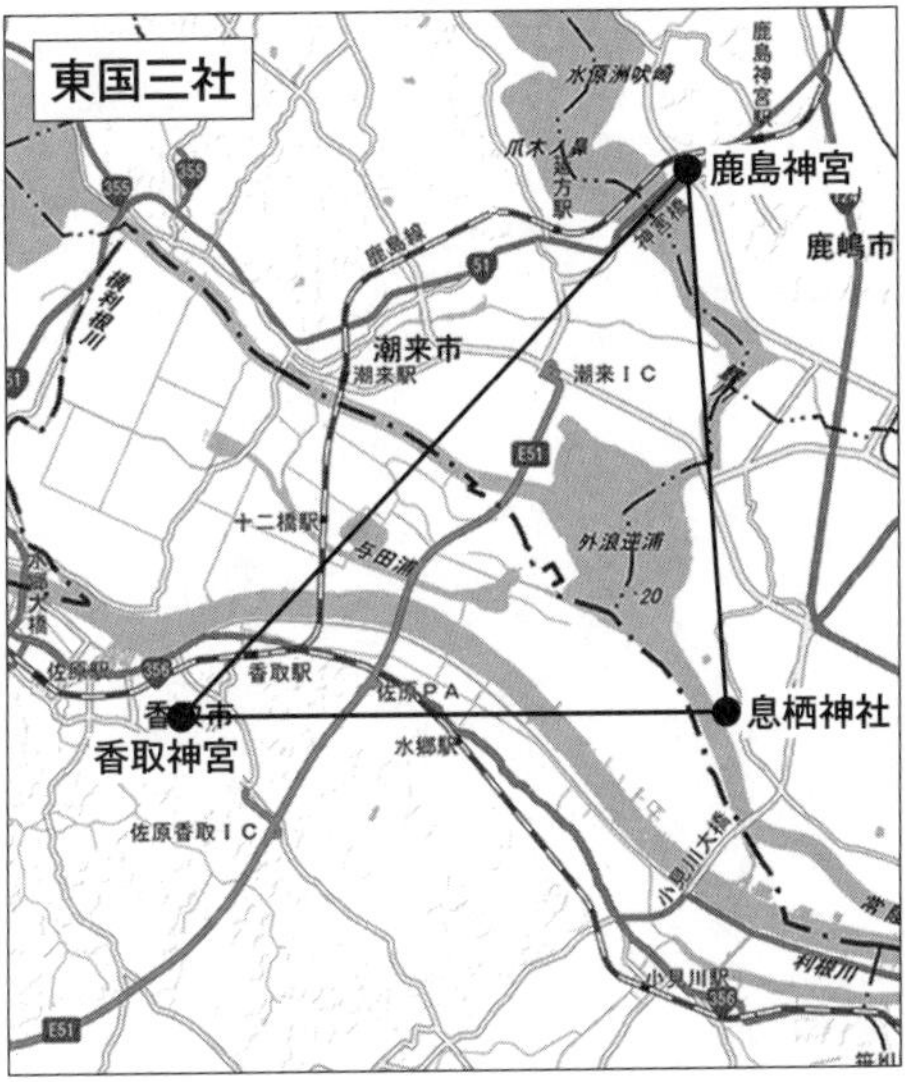

千葉県香取市は、物部氏の祖神とされる剣の神「経津主」を祀る香取神宮について、次のように説明している。

《創建は神武天皇の御代一八年と伝えられ、祭神は日本書紀の国譲り神話に登場する経津主《ふつぬし》大神である。下総国一の宮で、明治以前に「神宮」の称号を与えられていたのは伊勢、香取、鹿島のみというわが国屈指の名社。本殿・中殿・

拝殿が連なる権現造の社殿は、鹿皮のような色をした桧皮葺の屋根に黒塗りの姿が実に美しい》

ところで、平安時代の法令集である『延喜式』には、「大神宮」とされる伊勢神宮の内宮と並んで鹿島と香取が「神宮」と記されている。鹿島と香取は、なぜ一対の神宮とされたのだろうか？

明治維新前、神宮と呼ばれる神社は右の三社だけだったが、格付けでは鹿島神宮が香取神宮より上位の扱いを受けてきた。

『続日本紀』には、宝亀八年（七七七）に「鹿島神を正二位、香取神を正四位に叙す」とあり、この時点で「二階級」の差がついている。

一対と見なされてきた神社でありながら、差がつけられた理由を社名から推測すると、鹿島が神島《かんしま》なら、香取は神取《かんどり》であり、香取神宮は鹿島神宮の「神を執る神社」、すなわち「鹿島を奉斎する神社」と位置づけられたからではないかと思われる。

カシマは東の国境に置かれたミマナ（見目国）だった

鹿島神宮は、大国主に国譲りを迫ったタケミカヅチを祀っている。東日本の国境地帯に「にらみ」をきかせる重要な聖域に創建され、香取神宮は、その鹿島神宮に対する神事を執り行なう役割を担ったらしい。

大鳥居の左右の鳥居脇に甕が沈められているという

香取神宮の南西にはその摂社から独立してできた見目神社があり、鹿島神宮の北方には、茨城県の常陸太田市と常陸大宮市にそれぞれ見目神社が鎮座している。茨城に二社ある見目神社は那珂川流域に近い。そして、「那珂《なか》」という地名は『魏志』倭人伝が《遠絶なところにある》邪馬台国の傍国として二一の国を列挙し、その最後に《これ女王の境界の尽くる所なり》と記した奴国《なこく》の候補地でもある。

常陸の地名をもう一つ紹介しよう。

茨城県日立市に大甕《おおみか》と呼ばれる駅がある。駅の西にある大甕《おおみか》神社に由来し、『記・紀』や『常陸国風土記』などの神話では、タケミカヅチやフツヌシなどの天津神に激しく抵抗を続けた「星の神・香香背《かかせ》男《お》」を最終的に倒した神とされるタケハヅチ（倭文神）を祀っている。

甕《みか》は「容れ物のカメ」を意味し、カメは境界の地に埋めて「魔除けの呪具」にされたといわれる。

この習俗に関連して興味深いのは、鹿島神宮と香取神宮の近くでも、おそらく同じ目的で、甕《かめ》が埋められてきたことである。場所は、鹿島神宮・香取神宮とともに「東国三社」と総称される息栖《いきす》神社である。

息栖神社は、境界を守る神とされるクナドの神（岐神）を祀っている。息栖神社は規模はさほど大きくないが、三社の配置は息栖神社を頂点とする「二等辺三角形」を形成し、一体となる聖域と言い伝えられてきた。

この三角形は、きわめて人為的な「魔除けの陣形」のようにも見えるので、三つの神社の場所をカンナビとする「聖なる空間」と解釈することもできそうである。そういう息栖神社の鳥居の脇に、古くから、甕《みか》（カメ）が沈められていたらしい。

息栖神社の甕については、赤松宗旦《あかまつそうたん》が江戸時代に書いた紀行文『利根川図志《とねがわずし》』にも紹介されている。そこには《神代よりの瓶といふ大小ふたつあり》と記され、大瓶は直径六尺（一八〇センチ）、小瓶はその半分（九〇センチ）あるという。

井戸はあの世とこの世の境目とも見なされていた。今も鳥居の両脇に井戸が二つあるが、河川の改修が行なわれ、残念ながら昔のものではない。

終章　百目鬼《どうめき》と「天皇の来た道」

「百目鬼」との出合い

この本は書名に「百目鬼の謎」とあるのに、ほとんど百目鬼《どうめき》を取り上げてこなかった。「お待たせいたしました」とはいいにくいが、後まわしになったのには理由がある。

本書が神話・考古学とあわせて謎解きの手がかりに用いてきた地名は、吉備の天津神が国家統一を目指しながら痕跡を残したスタンプのような存在なのだが、ドウメキは岡山県周辺ではほとんど見つけることができないからだ。

しかし、わたしにとっては百目鬼との出合いが、そもそもの事の始まりだった。百目鬼には人を惹きつける強い力があり、いったん追いかけるとハマってしまう。これも「にらみ」の呪術の作用なのかもしれなかった。

ドウメキやドメキと読むこの怖ろしげな地名は、百目鬼《どうめき》・道目木《どうめき》とも表記され、岡山県の真庭《まにわ》市にかろうじてバス停の名として道目木が残る以外は、関東・東北・九州に分布が偏っている。東北には「百と鬼のドウメキ」が多く、九州には「道と木のドウメキ」が多い。目立つのは、何といっても〈妖怪〉を想起させる百目鬼だ。

そんな名字をもつ百目鬼《どうめき》恭三郎《きょうざぶろう》氏が一九七〇年代に文芸評論家として活躍していた。氏は現役の朝日新聞文化部記者で、わたしにとっての百目鬼は、地名より人名が先だったことになる。世の中にはすごい名字があるものだとたまげた。

百目鬼氏が連載していた「週刊文春」の匿名書評コラム『風の書評』を知り、著書『奇談の時代』（朝日新聞社、一九七八年）を購入した。『今昔物語』など古典や内外の書物から〈怪異譚〉を集め、博覧強記ぶりをいかんなく発揮した本だった。

それからしばらくして、地図帳を眺めていたとき——たぶん「白河関」の近辺だったと思うのだが——百目鬼の地名を見つけた。あとで中学生の頃のように地名探しをしてみると、百目木の地名も見つかった。

ドウメキの探究にハマってしまったのは、福岡県糸島市の可也山《かやさん》の南麓に「道目木」を見つけてからだ。可也山は地元で小富士と呼ばれる世にいう神奈備山で、糸島は『魏志』倭人伝の伊都国として知られる場所だった。

このとき、遠く離れた東北の「百目木」と九州の「道目木」が、同じくドウメキと読む地名であることを不思議に思った。しかし、前者と関所の関わりや、伊都国が大率という関所の機能をもつ国である実情までは考えがおよばなかった。

福島県のダメキ（田目木）や熊本県のザメキ（座女木）も気になる地名だったが、

どういう意味なのか見当がつかなかった。関東から東北にドウメキ（百目鬼・百目木・百目貫）の地名が分布し、九州にもたくさんのドウメキ（道目木）があることを確かめたのは、「ネット検索」ができるようになってからである。

水木しげる『悪魔くん』の百目

水木しげる氏のマンガ『悪魔くん』に百目《ひゃくめ》という名の妖怪が登場する。出所は江戸時代に創作された百々目鬼《どどめき》という妖怪らしく、腕に百の目があるという。百々目鬼は百目鬼の地名を「百の目をもつ鬼」と解釈して生み出されたように思われた。

百目鬼恭三郎氏は北海道小樽市の出身であることも知った。ご先祖は、おそらく東北のどこかにある百目鬼の出身で、当人は自分の姓の百目鬼にある鬼とは何かを意識しながら成長し、奇談に通じる人物になったとわたしは想像した。『奇談の時代』には鬼を論じた書物を手厳しく批判した文章も収められている。

水木氏が妖怪好きになったのは、自伝的エッセイ『のんのんばあとオレ』（筑摩書房、一九七七年）の主人公から妖怪話をたっぷり聞かされたおかげらしい。氏は大阪生まれだが、通いでまかないをしていた「のんのんばあ」の妖怪話を聞きながら鳥取県境港市で育ったという。また、境港が出雲文化圏に属していることにも興味がわいた。

百目鬼の「百」はモモとも読める。桃太郎の鬼退治との関係もありそうだ。百をドウやドドと読むのは「十（ト）×十（ト）＝百（ドド）」の計算にもとづくという。

そのうち、旅先の周辺にドウメキがあれば寄り道することが多くなった。最初に訪れたのは、栃木県宇都宮市の百目鬼通りである。街中のせいか、他のドウメキにくらべて知っている人が多く、宇都宮の百目鬼をきっかけに百目鬼に興味をもつようになった人が少なくないと聞いた。

宇都宮の百目鬼は、藤原秀郷《ふじわらのひでさと》が「百匹の鬼を率いる頭目を退治した」故事にちなむという。藤原秀郷は平将門の乱を鎮圧した藤原氏の武将で、群馬県の赤城山や滋賀県の三上山《みかみやま》の百足《むかで》退治話の主人公でもあった。

ところが、民俗学者の柳田國男《やなぎたくにお》は、『妖怪談義』の著書があるにもかかわらず、百目鬼を妖怪と結びつけては考えなかった。『地名の研究』（岩波文庫、一九六八年）では、《ドウメキ・ザワメキ・ガラメキなどはもと水の音を形容した地名であるが、瀬の早い川の岸にある部落または田畑で百目木・沢目鬼などという例はいくらもある》と、ドヨメキやザワメキと結びつけて解説した。

この解釈とは別に、ドウメキ（百目鬼・百目貫・百目木）に百・目・貫の字が使われている点に注目し、重さの単位の百目（三七五グラム）や百貫目（三七五キロ）で田畑の収量を表わした名残ではないかとも述べている。

が、九州のドウメキのドウは百ではなく「道」なのだ。そこから、百目鬼・道目木と道祖神《どうそじん》（サエの神）の関係が少しばかり見えてきたのだが、栃木県益子町の百目鬼川で道祖土《さやど》という地名の表示を見つけたことも大きな前進になった。

ドウメキが扉を開いた「にらみ」の謎

百目鬼は「サエの神」と関わり、「目」には邪視《じゃし》や辟邪《へきじゃ》と呼ばれる「にらみ」が表現されている。しかし、ドウメキには魔除けの呪力が秘められていたと気づくと、謎はむしろ深まったように見えた。

ドウメキが関東・東北と九州に偏っているのは、ヤマトタケル伝説の東征・征西に対応している可能性があるように思われた。ヤマトタケルは「日本の勇者」の意味で実在性に疑問はあるが、神話的物語に投影された史実もあるにちがいない。ドウメキの広がりを政権の拡大と見ると、国家統一の道筋が読み取れる可能性もある。

邪視や辟邪の地名は、マ（目）・ミ（見）・メ（目）がつくような「にらみ」を秘めた地名と、サエキのような「塞ぎる」観念をもつ地名に大別される。

だが、百目鬼《どうめき》は田目木《だめき》や座女木《ざめき》、道祖土《さやど》は佐良土《さらど》や佐渡《さど》、佐田・猿田・真田などに転じ、佐良《さら》は相良《さがら》・相楽《さがら》や佐原《さはら》などにも変わる。「サのつく地名」は多く、困ったことに、そのすべてが〈境界地名〉に見えてくるのだ。地名だけを追うのは賢明ではないと悟り、「ふるいにかける」必要性を感じた。そこで、辟邪地名と銅鐸の出土地のように、関連していそうな遺跡と神話の結びつきに着目しようと思った。

たとえば、静岡県の浜松市博物館へ足を運ぶと、入口近くに大きな銅鐸の形をした看板が見える。じつは、博物館の裏手にサのつく佐鳴湖《さなるこ》がある。ところが、銅鐸がかつてサナギやサナキと呼ばれていたことを知り、「境界の観念」が銅鐸と佐鳴湖を結びつけていた背景を理解すると、疑問がいくらか解けてきた。

また、銅鐸出土地の近くには、サルタヒコを祀る神社が多かった。江戸時代の国学者・平田《ひらた》篤胤《あつたね》は、『古史伝《こしでん》』で『記・紀』のサルタヒコは猿とは無関係であると主張していた。サルタヒコは『出雲国風土記』の佐太大神を指し、『記・紀』に伊勢国の狭長田《さなだ》に住んだと記された神で、猿田とサナダも同じなのだと。さらに平田篤胤は下総の猿島《さしま》やヤマトタケルの兄のオオウスを祀る三河の狭投《さなげ》神社を例に挙げて、「サ」と読む地名と動物の猿は無関係であることを強調している。

なるほどそういうことなのかと、思わず膝を打つ思いがした。銅鐸が境界や辟邪に関わる祭器であることは邪視文銅鐸の存在から想像できたが、サルタヒコの神名や「サのつく地名」として具体的に説明されていたのがありがたかった。

このような経緯を経て、全体の構図が見えてきたのは、「目」のつく地名・神話の神を祀る神社・考古学の遺跡と遺物が、邪視と辟邪を読み解く〈三つの鍵〉に使えるとわかるようになってからのことである。また、岡山県津山市の神南備山の麓は佐良《さら》山《やま》と呼ばれ、神の地名も辟邪に関わっていたことを知った。

大山の麓の吉備にも「道目木」があった！

ドウメキは、これまでさほど注目されたことのない地名だが、古代史の謎を解く重要な鍵になることがようやく理解できるようになった。「百目鬼・道目木・百目木」の三つに分けて主なドウメキと関連する地名などを拾い上げると、次のようになる。

▼百目鬼（どうめき・どめき・どうみき）

①百目鬼《どうみき》　福島県石川郡古殿町山上百目鬼《どうみき》――勿来《なこそ》の関
②百目鬼《どめき》温泉　山形県山形市百目鬼《どめき》
③百目鬼《どうめき》川　栃木県芳賀郡益子町益子――道祖土《さやど》
④百目鬼《どうめき》通り　栃木県宇都宮市塙田《はなわだ》
⑤百目鬼《どうめき》区公民館　栃木県塩谷郡塩谷町船生《ふにゅう》
⑥百目鬼《どうめき》竹之内集会所　千葉県南房総市岩糸《いわいと》

▼道目木（どうめき）

①道目木《どうめき》　福岡県田川郡赤村赤道目木《あかむらあかどうめき》

②道目木《どうめき》バス停　福岡県糸島市志摩小富士《しまこふじ》――伊都《いと》国（平原《ひらばる》遺跡）
③道目木《どうめき》バス停　福岡県直方市上頓野《かみとんの》
④道目木《どうめき》バス停　福岡県朝倉市杷木志波《はきしわ》――朝倉宮伝承地
⑤道目木《どうめき》　長崎県西海市大瀬戸町多以良《たいら》内郷《うちごう》道目木《どうめき》
⑥道目木《どうめき》　熊本県阿蘇市役犬原《やくいんばる》
⑦道目木《どうめき》バス停　熊本県天草市枦宇土《はじうと》町
⑧道目木《どうめき》公会堂　岡山県真庭市蒜山上長田《ひるぜんかみながた》――大山《だいせん》

▼百目木（どうめき・どめき）
①百目木《どうめき》　青森県上北郡横浜町百目木《どうめき》
②百目木《どうめき》　岩手県盛岡市永井百目木《どうめき》
③百目木《どうめき》　岩手県奥州市水沢佐倉河百目木《さくらかわどうめき》――角塚（最北の前方後円墳）
④百目木《どうめき》　秋田県にかほ市樋目野《ひめの》百目木《どうめき》
⑤百目木《どうめき》　秋田県仙北郡美郷町金沢西根《にしね》上百目木《かみどうめき》
⑥百目木《どうめき》　秋田県仙北郡美郷町本堂城回　百目木《しろまわりどうめき》
⑦百目木《どうめき》　宮城県気仙沼市百目木《どうめき》
⑧百目木《どうめき》　福島県二本松市百目木《どうめき》

⑨百目木《どうめき》　福島県白河市表郷金山百目木《かねやまどうめき》――白河の関
⑩百目木《どうめき》　福島県白河市舟田百目木《ふなだどうめき》
⑪百目木《どうめき》公園　千葉県袖ケ浦市百目木《どうめき》――阿部神社（かしま人形）
⑫百目木《どうめき》古墳　千葉県富津市二間塚《ふたまづか》――内裏塚古墳群

これらを地図と照合すると、次のようなものと関わりをもっていそうである。

▼「百目鬼①の百目鬼《どうみき》」は勿来《なこそ》の関に近く、「百目木⑨の百目木《どうめき》」は白河の関に近い――関との関係

▼「百目鬼③の百目鬼川《どうめき》」のほとりに道祖土《さやど》の地名がある――サエの神・道祖神との関係

▼「道目木②の道目木《どうめき》バス停」は伊都《いと》国の跡地に近く小富士《こふじ》が見える――神奈備山との関係

▼「百目木③の百目木《どうめき》」は日本最北の前方後円墳から五キロの地にある――古墳との関係

大ざっぱにいえば、ドウメキは境界の地に命名され、古墳を築造した勢力との重な

りがある。また、ヤマのつく地名との関係が意外なほど強く感じられた。

『魏志』倭人伝の伊都国が顔を見せ、ヤマの音を含む邪馬台国との関連も浮かび上がる。山に関わる地名では、「貫」の文字を含むドウメキである百目貫《どうめき》（福島県耶麻《やま》郡猪苗代町磐里百目貫）がヤマ郡に存在し、山都《やまと》町からも遠くない。

九州に目を転じると、熊本の座女木《ざめき》（熊本県上益城《かみましき》郡御船《みふね》町田代《たしろ》座女木）も熊本の山都《やまと》町に近い。ヤマは英語のマウンテンに翻訳できる言葉だが、たんに標高の高い場所を指すのではなく、邪視《じゃし》や辟邪《へきじゃ》の観念を秘めていたことがわかってきた。すると、ヤマトという地名も呪術的な面から見直す必要がありそうである。

多くの場合、境界の地には山がある。ヤマトタケルも、たんに伝説的なヤマトの英雄ではなく、のちにヒラフと命名されるような「平定のために辺境へ派遣される将軍」の性格を呼び名に背負っていたようだ。

そういう境界でドウメキは神話や考古学と結びつく。「地名・神話・考古学」を貫いていたものの正体は、ヤマトにマの音で潜む「目」ではないのだろうか。ならば、「ヤマ」や「ヤマト」と「ドウメキ」は、どういう関係にあるのだろうか？

ドウメキは関東から東北と九州に偏った地名で、分布からヤマトタケルの東征・征西に対応していると見られた。ところが、唯一ともいえる例外が吉備にあったのだ。

岡山県真庭《まにわ》市蒜山上長田《ひるぜんかみながた》にある「道目木⑧の道目木《どうめき》公会堂」がそれだ。そして、蒜山も「山のつく地名」である。蒜山は大山が望める観光地として知られ、真庭は真島と大庭の合併だったが、マ（目）とヤマをつなぐ重要な地名かも知れないと期待をかけた。しかし、それ以上に進展しないまま、時間が過ぎていった。

大山《だいせん》は「大きなヤマ」の意味だが、やがて、単純に大きいのではなく、多くの目をもつ大いなる「にらみ」の山の意味を秘めている気配に気がついた。が、大きいのも確かで、出雲全域をにらむ山として選ばれた特別な山なのかもしれない。

そういう観点から大山周辺を眺めると、吉備の北部から日本海側の山陰に至る道筋に、吉備と関わりの深い人物の痕跡が点々と存在している。大山の南西山麓に六社もの楽楽福《ささふく》神社（一社は佐佐布久《ささふく》神社）が連なっているのである。

吉備の進出を示す七つの楽楽福神社

これらの神社には、皇女を祀る一社をのぞいて、第七代孝霊《こうれい》天皇が祀られている。この天皇は『記・紀』が吉備津彦の父と記した「吉備とは切っても切れない天皇」であることに注目せざるを得ない。これはいったい何を物語っているのだろうか。

▼楽楽福《ささふく》神社（鳥取県米子《よなご》市上安曇《あずま》　伯備《はくび》線岸本駅）——祭神・孝霊天皇

▼楽楽福神社（鳥取県伯耆《ほうき》町宮原　伯備線伯耆溝口駅）——祭神・孝霊天皇

▼楽楽福神社（鳥取県南部町中　伯備線岸本駅）――祭神・孝霊天皇
▼楽楽福神社（鳥取県日南町宮内　伯備線生山駅）――祭神・孝霊天皇
▼楽楽福神社（鳥取県日南町印賀　伯備線黒坂駅）――祭神・福姫（孝霊皇女）
▼佐佐布久《ささふく》神社（島根県安来市広瀬町　伯備線安来駅）――祭神・孝霊天皇

大山の南西山麓の一帯には、岡山と鳥取県の米子を結ぶ伯備《はくび》線が通っている。つまり、吉備と伯耆の通路にあたるのだ。右の神社の最寄駅はみな伯備線の駅である。一群の楽楽福神社が密集しているのは、神社がつくられる前に孝霊天皇の足跡を伝える地が聖地となり、その地に同名の神社が建てられた実情を物語っているように見える。ササフクは「サのつく地名」で、ドウメキの意味が完全に解読できたわけではないが、とにかく、そういう聖地が「にらみ」の山の麓にあるのだ。

『記・紀』の記述に従うなら、第七代孝霊天皇は、とうの昔からヤマトにいたことになる。それでも、すでに述べてきたように、第八代孝元天皇を「吉備を経由して大和に進出した神武天皇」のモデルの一人と見なし、「大和で政権を打ち立てた人物」であると仮定すると、父の孝霊天皇は「大和進出以前の吉備の首長」であってもおかしくない。

孝霊天皇が吉備を統治していた首長だったなら、孝霊天皇の子で孝元天皇の弟にあ

たる吉備津彦も以前から吉備で暮らしていた人物で、吉備津彦の呼び名をもつことの不自然さも消える。吉備津彦が地元の人間なら、「桃太郎の鬼退治」の伝承は、吉備の首長の地元での活躍をもとにした物語ということになる。

　鳥取県西部に連なる楽楽福神社のササフクは「サのつく境界地名」の可能性が高い。そして、伯耆《ほうき》と吉備の境界にある大山の北西には、孝霊天皇と同名の孝霊山《こうれいさん》がある。

孝霊天皇という漢風諡号《かんふうしごう》は、奈良時代に淡海三船《おうみのみふね》が神武天皇から元正天皇まで一括して名づけたもので、孝霊山の命名が七世紀以前に遡ることはない。だが、孝霊天皇はオオヤマトネコヒコフトニというオオヤマに通じる名をもち、孝霊天皇と大山を結びつける伝承が奈良時代まで記憶されていたことを物語っているようである。事実、孝霊山北麓に鎮座する高杉神社には、孝霊天皇の行幸伝説が伝えられてきた。

JR伯備《はくび》線に沿ってササフク神社が連なる理由を説明してくれる資料はないに等しい。それでも、手がかりはいくつかある。楽楽福神社は「サのつく神社」だし、「亀甲に楽の字を入れた神紋」を採用している神社があることもわかった。さらに、そのうちの一社は安曇《あずま》という地に鎮座している。

米子市の安曇は訛ってアズマと読まれるが、安曇《あずみ》は黥面《げいめん》土器の出土地、あるいは久米のように海人族がいたことを示す地名である。

ササフク神社が連なる地域は、佐々布久神社の鎮座する安来市が出雲にあるのをのぞいて、すべて伯耆である。もちろん、孝霊天皇を祀る神社がこんなに密集している地域は他に見当たらない。アズミ族を引き連れた孝霊天皇（オオヤマトネコヒコフトニ）の足跡と見なすのが、最も素直な解釈になるだろう。

『記・紀』の記す孝霊天皇の事績が少ないのは事実で、戦後の歴史学では〈欠史八代〉

の天皇は後世の創作とされる。だが、その名を背負う多数の神社が『記・紀』の記した和風の名と重なるオオヤマ山麓に集中するのは、重大な意味がありそうだ。というわけで、ササフクが新たな謎としてドウメキの跡目を継ぐ格好になった。

なお、以前から『記・紀』の〈欠史八代〉の天皇と神武天皇は、創作というより「神代《かみよ》の時代の神話だった」との議論がある。『記・紀』の編纂者は、ヤマト政権の故郷が吉備と知りながら、そこを天上の高天原と呼んで煙に巻いたと見られる。初代の神武天皇には複数の人格を組み合わせた気配が濃厚なのである。

ならば、その後の〈欠史八代〉の孝霊天皇・孝元天皇および吉備津彦の伝承は、天皇家と「ヤマトの豪族連合」を形成した臣下たちが吉備にいた時代を「神代《かみよ》」として描いたという解釈が可能になる。

吉備の首長として地盤を固めた孝霊天皇は、日本列島に統一国家を樹立することを目論んだ。実際にヤマトへ攻め込み、そこに政権を樹立したのが孝元天皇だったことは、畝傍《うねび》山の「ムサ」の周辺に、久米氏・大伴氏らの軍事豪族や、孝元天皇の末裔とされる紀氏・巨勢氏・平群氏・葛城氏・蘇我氏など有力豪族の根拠地があることからも推測できる。

こうしてドウメキの地名がササフク神社と孝霊天皇を見つけだしてくれたのだ。日南町宮内の楽楽福神社は東楽楽福と西楽楽福の二社を合併したものだという。つまり、大山の南西麓にはササフク神社が少なくとも七社あったことになる。

いずれも、孝霊天皇が進軍した記憶を残す地だったと見られ、それらが伯備《はくび》線に沿って連なっているのは、孝霊天皇が吉備の首長だった状況を示唆する。だとすると、日本列島に統一国家の樹立を目論んだ人物の候補者は、楯築《たてつき》遺跡に葬られた吉備の首長に絞られてくるのではないだろうか。

あくまでも状況証拠からの推測だが、事実上の大型古墳といってよい楯築墳丘墓は弥生時代後期の二世紀につくられ、次世代に相当する三世紀に、大和の纒向《まきむく》で古墳が発生している。孝霊天皇が吉備に葬られ、次の孝元天皇が大和へ進出して三輪山麓から南西部に広がるカンナビの四辺形に葬られたとすると、楯築遺跡の亀石（旋帯文《せんたいもん》石《せき》）の弧帯文のヤマトへの流入や、吉備の特殊器台・特殊壺からヤマトの円筒埴輪が派生した連続性も、吉備の勢力の移動によって説明が可能になる。

楯築墳丘墓は二世紀の築造で、葬られた吉備の首長は二世紀の人物である。三章で龍のイメージと王莽《おうもう》の貨泉《かせん》が、後漢から弥生時代（一〜二世紀）の吉備へ伝えられていた実情を紹介した。これは、その時代に吉備から後漢へ使者が派遣された状況を示唆している。龍形土器の出た矢部は楯築遺跡に近く、貨泉の出た高塚遺跡もそこから歩いて三十分ほどのところだ。

吉備の首長が後漢へ使節を派遣し、大量の貨泉を持ち帰ったなら、楯築墳丘墓に葬られている人物は、『後漢書』東夷伝に、《安帝永初元年（一〇七年）、倭国王帥升等が生口一六〇人を献じて請見を願った》と記された倭国王・帥升と同一人物である可能性が高まってくる。

倭国王・帥升については、『後漢書』東夷伝のほかに資料がなく、状況証拠を積み重ねて論じるしか手はない。が、楯築遺跡の被葬者が倭国王・帥升で、同じ人物がササフク神社に祀られる孝霊天皇である可能性は、帥升が「S音」二文字のササに通じる人名であることによって補強されるはずだ。

米子は「久米の子」らの町かもしれない

ササは近江源氏と称した佐々木氏の名に通じる。近江に根を下ろした佐々木嫡流は六角を名乗り、六角は亀の甲羅の形であり、「神の目」に由来していることを指摘してきた。しかも、出雲の尼子《あまご》氏は傍流の京極氏から分かれた佐々木氏一族である。

佐々木氏が源氏を称したのは宇多天皇の末裔を名乗ったからだが、孝元天皇の子の大彦の末裔である沙沙貴山《ささきやまのきみ》君氏の子孫という見方が最も有力である。

近江八幡市の沙沙貴神社境内には、四座の祭神が次のように説明されている。

《式内　沙沙貴神社

第一座　少彦名神（すくなひこなのかみ）――神代の昔よりお鎮まりの産土の神
第二座　大毘古神（おおひこのかみ）――沙沙貴山君の祖神
第三座　仁徳天皇（おおさざきのすめらみこと）――沙沙貴の地に由縁深い祭神
第四座　宇多天皇（うだのすめらみこと）――宇多源氏の祖神
　　　　敦實親王（あつみのみこ）

右四座五柱の神々を佐佐木大明神と申し上げる　古くより沙沙貴郷また佐佐木庄の守護神　安土地域の氏神と崇められ　佐佐木源氏一門の祖神としても尊信されている延喜式内の名社である》

ここにオオサザキ（大雀《おおさざき》命・大鷦鷯《おおさざき》）の名をもつ仁徳《にんとく》天皇も祀られている。仁徳天皇は近江の佐々木氏と縁が深いと思われていた。仁徳天皇は、葛城に本拠地を置いた葛城氏から皇后を迎えている。葛城氏も孝元天皇の子孫と称した。こうして、吉備から大和へ進出したと推測される孝元天皇と、吉備の首長と推測される孝霊天皇が、ササフク神社と佐々木氏のササを介してつながり、帥升《すいしょう》の「S音」とも重なるのだ。

七つのササフク神社の創建時期は不明だが、吉備の大首長だった孝霊天皇のイメージが記憶されたのは、長く記憶に残るような大きな出来事があったからにちがいない。となると、『後漢書』東夷伝が《安帝永初元年（一〇七年）》と記した「遣使派遣」が最も有力な出来事の候補になりそうだ。

なお、中世以来、米子《よなご》を支配した権力者は米子城に本拠を構えたが、応仁の乱以降には尼子氏が城主となる。米子城は久米《くめ》城の別名をもち、伯備線の米子駅西方の米子市久米町《くめ》に築かれた。古代の伯耆には久米氏がいて、久米氏に由来する久米郡もあった。久米氏も城山の山上に根拠地を置いていたようである。

倭国王・帥升が使節を派遣した一〇七年頃、米子では「久米の子」らがにらみをきかせていたかもしれない。もしかすると、メやマと読める「米」を含む米子《よなご》は、久米歌でうたわれた「久米の子ら」に由来することもあり得るのではないだろうか。

佐世の木の葉を髪に挿して踊ったスサノオ

米子駅の東に標高一七二九メートルの大山がそびえ、その北西には標高七五一メートルの孝霊山も同じくにらみをきかせているようだ。そして、孝霊山と大山の最寄駅・伯備線伯耆大山駅のあいだに、「盾をもった黥面の埴輪」が出土した井手挟《いではさみ》三号墳（米子市淀江《よどえ》町富繁《とみしげ》）という帆立貝形古墳がある。

孝霊山の真西にあたる富繁は大山の山麓でもあるが、ここは「淀江《よどえ》」の地名からわかるように、古代には海が内陸まで入り込んだ入り江だった。淀江には港を守る意味をもつ「津守《つもり》神社」が鎮座し、かつてこの場所に良港があった状況をうかがわせる。

春成秀爾氏による稲吉角田遺跡絵画土器復元図

現在、淀江町稲吉に上津守神社があり、一社にまとめられる前は高井谷の下津守神社と一対で祀られていたという。

　大阪の住吉大社を奉斎した津守氏も津守にちなむ名で、津守神社では海人《あま》族が海上交通や航海の安全を祈った。津守氏は「吉備の牟佐」にある高蔵《たかくら》神社の祭神アメノホアカリ（天火明）の末裔と称した尾張《おわり》氏・海部（あまべ・かいふ）氏の同族でもあり、熱田神宮とも強く結びついていた海人族を代表する勢力である。

　現在の上津守神社と孝霊山のあいだに稲吉角田《いなよしすみた》遺跡があり、ここから出土した弥生時代中期の土器（壺）に、じつに興味深い船の絵が描かれていた。

　土器には出雲大社を思わせる高い足をもつ建物が描かれ、鳥の羽根飾りのようなものを頭につけた漕ぎ手が乗る〈ゴンドラ〉に似た船と太陽、高床式建物や鹿や樹木なども見える。何より、この絵画は淀江の港を表現した可能性がありそうなのだ。港が描かれているなら、外洋に漕ぎ出せそうな船と、遠くの船から目印になる高い建物は、ここから使節が船出した可能性を示唆しているといえるのではないだろうか。

出雲大社の神殿は異様なほど高層で、何度も倒壊していることが知られている。その原形となる神殿は、すでに弥生時代に存在していた可能性も否定できないように思われる。

なお、羽根飾りのようなものを頭につけた四人（人数は推定）の漕ぎ手が乗る船と太陽の構図は、福岡県のうきは市吉井町にある六世紀後半の装飾古墳・珍敷塚《めずらしづか》とも共通する。そこには鳥のとまる船、盾《たて》をもつ人、弓矢を収める靫《ゆき》、月を象徴するヒキガエル、太陽を表現する同心円などが描かれている。

稲吉角田《いなよしすみた》遺跡と珍敷塚《めずらしづか》古墳のあいだには、四百年の時間の隔たりを感じさせない類似点がある。ここに、弥生時代と古墳時代を貫く海人族の文化や習俗の連続性を見て取ることができるだろう。

朝倉市杷木志波《はきしわ》の「道目木」のバス停は、この珍敷塚古墳の北七キロに位置している。この配置も、ドウメキの命名者が、航海に長けた海人族だった状況を物語るといえそうである。

話を鳥取に戻そう。入り江に面していたらしい米子市淀江《よどえ》町富繁《とみしげ》の井手挟三号墳からは「盾をもった黥面の埴輪」が出土している。その富繁の北東約三キロに弥生後期の広大な妻木晩田《むきばんだ》遺跡があり、「古代の山陰の中心として栄えた」と解説されている。

妻木晩田遺跡は、神庭荒神谷《かんばこうじんだに》遺跡や加茂岩倉《かもいわくら》遺跡に青銅製祭器が埋納されたのちの時代、一～二世紀の集落跡と推測されている。遺跡の規模は吉野ヶ里遺跡の三倍ともいわれる大きなものだ。倭国大乱の時期に多くつくられた高地性集落の中で桁違いの広さをもち、豊富な鉄器を所有した。その遺跡の背後に、後世に孝霊山と名づけられた山があるのは、恐ろしく象徴的だと思わずにいられない。

はたして孝霊山は、出雲の佐太神社の背後に位置する神目山のように、妻木晩田遺跡の「見張り」を担っていたのだろうか？

どうもそうではなさそうだ。広大な敷地を占め、豊富な鉄器をもち、高層神殿を建て、外洋へ船を漕ぎ出していたのは、「盾をもつ黥面の埴輪」と同じ装いの海人族と見られるからである。ということは、妻木晩田遺跡の住人は、伯備線に沿って伯耆へ侵入してきた吉備から来た勢力の可能性が高いはずだ。

高天原にふさわしい条件を備えた「マの宮」

ササフク神社の「ササ」は『出雲国風土記』に載る佐世《させ》の地名とも関わると考えられる。そこには、出雲国大原郡佐世郷（島根県雲南《うんなん》市大東《だいとう》町下佐世）の由来として、次のようにある。

《佐世《させ》の郷《さと》　郡役所の真東九里二百歩である。古老のいい伝えるところでは、須佐能《すさの》

袁《お》命が佐世《させ》の木の葉を髪に刺して踊りをおどられた時、刺していた佐世《させ》の木の葉が地面に落ちた。だから佐世という》

雲南《うんなん》市大東《だいとう》町に、スサノオとクシナダヒメを祀る佐世神社が鎮座し、「佐世《させ》の木」と言い伝えられる巨木も残されている。

また、出雲には元の社名を「佐久佐《さくさ》神社」と呼んでいた八重垣神社（島根県松江市佐草町）もある。祭神はスサノオ・クシナダヒメ・大国主で、近頃は「縁結びの神社」として観光客の人気を集めている。サクサは佐草とも表記され、スサノオの子を指す青幡佐久佐日古《あおはたさくさひこ》とされるが、サクサとササは同一人物のようでもある。

そして、ササとの関連では、スサノオを祀っている神社として出雲市佐田町須佐に鎮座する須佐《すさ》神社を忘れるわけにはいかない。島根県にある佐佐布久《ささふく》神社（島根県安来市広瀬町）の西およそ一〇キロの地にはスサノオを祀る熊野大社、その南西四キロには須我《すが》神社があり、さらにその西方に鎮座しているのがスサの名を冠した須佐神社なのだ。

さて、こうなると、ササフク神社に結びつけられてきた孝霊天皇は、後漢に使節を派遣した倭国王・帥升《すいしょう》のイメージと重なるばかりでなく、ササ・サセを介して『記・紀』神話のスサノオとのつながりも浮かび上がる。すなわち、「スサの男」の意味をもつスサノオ（『古事記』では須佐之男、『日本書紀』では素戔男、『風土記』では須佐能袁など）は、「サセ」の木の葉を髪に刺して踊った「ササの男」でもあったらしいのだ。

「読み方が重なる」や「音が通じている」という表現では曖昧なので、これらの事柄は次のように説明するのがわかりやすいかもしれない。

わたしは、まず最初に「中国の史書」と「日本の神話的な物語」を比較することにより**「A（倭国王《わこくおう》・帥升《すいしょう》）＝B（須佐之男《すさのお》）」**の仮説を立てた。さらに、一群をなすように寄り集まる孝霊《こうれい》天皇を祀る楽楽福《ささふく》（佐佐布久《ささふく》）神社と須佐《すさ》神社と地名の分布を検討して、**「B（須佐之男《すさのお》）＝C（孝霊《こうれい》天皇）」という命題**を導いた。そこから、「A＝C」すなわち**「中国の『後漢書《ごかんじょ》』東夷伝《とういでん》が記した倭国王《わこくおう》・帥升《すいしょう》は孝霊《こうれい》天皇である」**という仮説を導いた上で、多角的な検討を加えた結果、右の人物はすべて「スサ・ササ・サセ」と読むことが可能な同一人物であると判定し、帥升はアマテラスの弟とされるスサノオのモデルでもあったという結論にたどり着いた。

ただし、ここまで何度も述べてきたように、高天原の最高神は、古いタカミムスヒから新しい段階のアマテラスへ交代した気配が濃厚だ。

すると、高天原に糞《くそ》をまき散らし、馬の皮を剝《は》ぎ、あげくのはてに、神聖な衣装を織る女性を死なせた〈乱暴なスサノオ〉は、かつての最高神タカミムスヒを貶める意図で改変された物語の可能性が高そうである。

これまで〈乱暴なスサノオ〉は斐伊川の洪水を象徴するといった解釈が行なわれてきたが、スサノオの神話は〈高天原〉の勢力の内紛を投影しているとわたしは思う。神話で誕生したときの描き方でも、スサノオはアマテラスと差をつけられている。黄泉国《よみのくに》から地上へ戻ったイザナキは禊ぎを行ない、清らかな海水で、アズミ氏などが奉斎したワタツミの神や住吉三神が生まれる。右目を洗ったときアマテラスが生まれ、左目を洗ったときツクヨミが生まれ、鼻を洗ったときスサノオが生まれたという。吉備の天津神にとって「目」ほど大事なものはないと考えられ、「鼻を洗って生まれたスサノオ」は、アマテラスやツクヨミより劣るという主張が透けて見えるのである。

イザナキはアマテラスに高天原を治めよと命じ、スサノオに海原を治めよと命じている。スサノオは高天原で乱暴をはたらき、高天原から追放される。どうやら、こういうところにも、政権交替がほのめかされているように思われる。

考えてみると、高天原のある場所が日本列島の真上に位置する天上とされたのは、「天を照らす」アマテラスが最高神にされた影響ではないだろうか。

高天原は「たかまのはら」や「たかまがはら」と読まれてきたが、高いという形容を取ると、「マノハラ」や「マガハラ」になる。大和の耳成山の北を米川が流れ、その北に式内社の目原坐高御魂神社《めはらにますたかみむすひ》が鎮座していた。

倉敷市にある楯築遺跡の南およそ六〇〇メートルの地に真宮《しんみや》神社が鎮座している。現在は「シンミヤ」と読まれているが、もとは「マノミヤ」だったのではないだろうか。この神社に祀られている神がスサノオである。

真宮神社は足守川のほとりの王墓の丘にあり、北に連なる丘の上には楯築遺跡がある。丘の南方には、人為的な配置にも見える巨石の磐座《いわくら》の上に建てられた岩倉《いわくら》神社が鎮座し、真宮神社周辺の空間は〈ムスヒの聖域〉のように見える。ということは、真宮神社が真ん中にくるような場所に、多角形をつくるカンナビ山が配置されているのではないだろうか。

『記・紀』が天津神の故郷と記した「高天原はどこか?」と聞かれたら、わたしは迷わず真宮神社にあったと答えたい。

◉参考文献

奈良県立橿原考古学研究所附属博物館編『海でつながる倭と中国　邪馬台国の周辺世界』(新泉社、二〇一三年)
福本明『吉備の弥生大首長墓・楯築弥生墳丘墓』(新泉社、二〇〇七年)
黒田日出男編『ものがたり日本列島に生きた人たち5　絵画』(岩波書店、二〇〇〇年)
関晃『帰化人』(講談社学術文庫、二〇〇九年)
柳田國男『地名の研究』(岩波文庫、一九六八年)
千田稔『王権の海』(角川選書、一九九八年)
春成秀爾『儀礼と習俗の考古学』(塙書房、二〇〇七年)
薬師寺慎一『祭祀から見た古代吉備』(吉備人出版、一九九九年)
松木武彦『全集日本の歴史　列島創世記』(小学館、二〇〇七年)
都出比呂志『古代国家はいつ成立したか』(岩波新書、二〇一一年)
北条秀司『奇祭風土記』(淡交社、一九七一年)
植田文雄『前方後方墳の謎』(学生社、二〇〇七年)
加藤謙吉『ワニ氏の研究』(雄山閣、二〇一三年)
篠川賢『物部氏の研究』(雄山閣、二〇〇九年)
大橋信弥『阿倍氏の研究』(雄山閣、二〇一七年)

佐原真『歴史発掘　祭りのカネ銅鐸』（講談社、一九九六年）
野本寛一『神々の風景』（白水社、一九九〇年）
石野博信『邪馬台国と古墳』（学生社、二〇〇二年）
鳥越憲三郎『女王卑弥呼の国』（中公叢書、二〇〇二年）
瀧音能之『出雲古代史論攷』（岩田書院、二〇一四年）
門脇禎二『古代出雲』（講談社学術文庫、二〇〇三年）
大和岩雄『神社と古代王権祭祀』（白水社、二〇〇九年）
樋口隆康『中国の古銅器』（学生社、二〇一一年）
中西進『キリストと大国主』（文藝春秋、一九九四年）
荒川紘『龍の起源』（紀伊國屋書店、一九九六年）
林巳奈夫『中国古代の神がみ』（吉川弘文館、二〇〇二年）
大津透『天皇の歴史　神話から歴史へ』（講談社、二〇一〇年）
田辺悟『ものと人間の文化史　海女』（法政大学出版局、一九九三年）

＊本書は文庫書き下ろし作品です。
＊本文中の地図は、国土地理院（電子国土Web）の地形図を加工して作成したものです。

草思社文庫

百目鬼《どうめき》の謎
「目」のつく地名の古代史

2020年2月10日　第1刷発行

著　者　藤井耕一郎
発行者　藤田 博
発行所　株式会社 草思社
〒160-0022　東京都新宿区新宿1-10-1
電話　03(4580)7680(編集)
　　　03(4580)7676(営業)
　　　http://www.soshisha.com/
本文組版　有限会社 一企画
本文印刷　株式会社 三陽社
付物印刷　株式会社 暁印刷
製 本 所　株式会社 坂田製本
本体表紙デザイン　間村俊一

ISBN978-4-7942-2439-2　Printed in Japan